接納生命中的不完美

林正光——著

自序：關照自己的心靈

在當今社會經濟飛速發展，生活節奏加快，時刻充滿變數這樣一個大背景下，我們很多人在心理上或多或少都會出現一些不適應，甚至出現一些心理障礙，只是程度深淺不同罷了。2009年1月4日，在清華大學新聞學院「農村女性自殺報導高級研究班」上，中國疾控中心精神衛生中心和北京大學精神衛生研究所提供的資料顯示，近年來，我國公眾中以焦慮等神經症和輕度精神障礙爲代表的各種情緒問題日益突出，並呈逐年上升趨勢。

據上述機構統計，目前，我國各類精神疾病患者人數在1億人以上，但公衆對精神疾病的知曉率不足5成，就診率更低。這裡所說的精神疾病包括焦慮障礙，心境障礙，酒精、藥物使用所致精神障礙和衝動控制障礙在內的常見精神障礙，具體說來，還包括賭博成癮、上網成癮，還有各種程度不同的抑鬱症、失眠、焦慮症等等。雖然這些常見精神障礙患者的症狀，多數隻造成個人痛苦，不會對社會構成嚴重危害，但精神問題的日益突出值得我們驚醒和深思。

因此，全社會都要對人的精神生活予以關注。我們中華民族是一個注重實際的民族，中國人受儒家入世哲學的影響最深，最關注實際生活，關注物質世界，而較少注意人的精神生活。然而，物質生活是很容易得到滿足的，而人的精神世界往往更值得人們關注。

我們首先要正視這些心理問題，不要試圖避而不談。要想出解決這些問題的方法，設計出心理救治的方案。

接受鳳凰衛視訪談

進行這樣的心理救治，無非有兩個辦法：一是進行自救，一是進行他救。

所謂自救，就是通過自己的努力，來排解心中的苦悶，自己從心理障礙的泥潭中解脫出來。

我們大多數人的精神痛苦是可以通過自救的方式來克服的。自救的方法主要有兩種：一是通過閱讀、思考，使自己更清楚地認識到生命的價值和生活的實質，通過思考諸如「人活在這個世界上是爲了什麼」這樣的問題，對生活有一個正確的把握，從而使自己從精神困境中走出來。二是通過分散自己的注意力，通過專注於其他事情，以積極的方式使自己遠離痛苦，或者忘卻痛苦，儘管這種忘卻可能會是暫時的。

所謂他救，就是在心理障礙極爲嚴重、而自己又無法排解的時候，通過專業心理師的努力，消除心理疾病。具體來說，常常先是心理師傾聽來訪者的傾訴。然後，心理師通過對來訪者精神現狀的分析，與來訪者共同挖掘產生這種精神現狀的根源，並與來訪者一道，通過對人生基本問題的探討，使來訪者找到生命中最最重要的一些價值，重新建立對人生的進取態度。

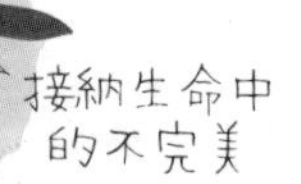

目前，在中國大陸，無論是自救還是他救，都沒能得到很好的實踐。就自救來說，改革開放三十年以來，雖然國人的文化素養有了較大的提高，但還有不少人的文化水準有待提高，心理學知識較少，自救起來有很大的困難。就他救來說，我們大多數人對於「精神疾病」一詞仍有不少誤解，往往將其與「神經病」劃等號，覺得心理上有問題是異乎尋常的，不願意承認這樣的現實，更不願意尋求心理醫生或心理諮詢師的幫助。

由於中國社會物質生活的高度發展，使得患心理疾病的人日益增多，因此，中國人非常有必要瞭解一些心理學方面的知識，中國也十分需要大批心理醫生的出現。然而，目前我國每100萬人口中，包括心理師在內的心理學工作者僅爲24人，比例爲0.0024%，受過正規的心理師職業培訓的人更是鳳毛麟角。

鑒於這樣的現狀，今後，我希望與大家共同探討生活，探討人的心理和情感，更加關注人生，關注人的心靈，關注人的精神生活。

也許今天就是我們心靈探索道路上的一個新的起點，但願這個起點來的不會太晚。

林正光

目錄

傾聽生命自身的聲音　106

每一個相遇的人都是你的啟示　129

愛就是用對方能接受的方式來給予　157

用寧靜心擁抱世界　283

人生智典　302

生命的七堂必修課

第一課　眞誠的功課

發現眞實的自我看見別人的眞誠

史蒂芬妮發生車禍的故事告訴我們尋找人生的意義不應更晚，而應更早。

就像所有走過生死關頭的人一樣，史蒂芬妮學習到一個寶貴教訓——不是關於死亡，而是生命與生活的啟示。

每個人尋找人生意義的方式不同，有的人是透過閱讀、默想或創造，有些人則是直接面對痛苦或死亡時才找到答案。

我們爲什麼要等到生命的盡頭，何不從現在開始學習人生的課程？

你對周遭的世界有更透徹的瞭解，能更自在地和自己相處，能看清楚生命的本質：樂在享受人生的不完美。

我們將討論生命與生活，看看站在生死邊緣的人如何看待生命。

「愛」是唯一能擁有而不失去的東西

遭遇不幸的人往往發現愛是唯一重要的，愛是唯一能擁有而不失去的東西，而回頭在已經擁有的東西裡發掘豐富的意義，更徹底地發揮既有的潛能，他們不再爲明天而活，因爲他們已學會傾聽自己的心。

我們現在不快樂並不是因爲我們的人生太複雜，而是因爲我們錯失了背後簡單的道理。所以我們要在這些課題中尋找簡單的定義，例如我們不知道爲何總是無法在愛裡頭找到幸福，其實是因爲父母與社會教導我們的並不是愛，而是恐懼、不安與期望層層遮掩愛，於是縱使我們有了伴侶，在這世上總還是感到孤單、無助、彷徨。

勇敢面對可能發生最糟糕的情況，你就能成長，因爲它能激發最美善的一面，當我們瞭解這些課題的眞正意義，也就找到了快樂而有意義的人生。不是完美的人生，而是眞實而深刻的人生。

我們一輩子都在尋找的答案：我是誰？

我就像已完成的石雕一樣無法改變？

我們必須卸下非我的一切，看到自己的本質。

人生的主要課題就是發覺眞實的自己，看見別人的眞誠。

偉大的人並不比別人多擁有什麼，只是去除了更多的雜質，顯露出最好的一面。

我們的天賦特質常隱藏在層層面具與角色之後，而阻礙眞我。

發現眞實的自我：生命的意義不在於做了什麼，而在於你是什麼

例如，一個男人做舅舅時他能發自內心地自在與孩子互動，當了父親後則覺得該扮演一定的角色，而這個角色卻與眞正的他有所衝突。

多數人一生總會扮演好幾種角色，我們學會轉換不同的

角色，卻往往看不透角色後面的自我。

我們要做的是釐清什麼角色適合自己，什麼角色不適合自己。這個過程有點像是剝洋蔥，同樣免不了要賠上幾滴眼淚。

要認清自己的負面特質並加以去除是很痛苦的。

每個人都有他的黑暗面——否定這一點是最危險不過的。

承認自己有爲惡的能力是絕對必要的，承認之後才能努力將它釋放出來。

卸下虛僞的面具，找到眞正忠於自己的中庸之道，我們的和善全然出於同理心，不再爲了達到目的而表現出和善。

有些心理防衛機制是早年爲了生存而養成的，長大後則可能必須斷然拋開才不致遭到反噬。

不同的角色可能都會帶給我們幫助，但隨著心智成熟我們會發現我們也付出了相當的代價，甚至超過我們的負荷。到了有一天，我們突然發現這樣的角色根本不是我，於是我們決定撒手不管，我還是一樣和善親切，但不再覺得有義務讓每個人都快樂。

你一定要知道並接受：人際關係本來就不盡是和諧的，失和與失望總是難免，要解決所有的問題根本不可能。

如何面對全新的自我？

你可能會發現角色扮演是很辛苦的：「我眞高興不再覺得必須爲別人的快樂負責。」

你可能會發現你以前總是在欺騙別人：「我的隨和不過

是爲了讓別人更喜歡我。」

你可能會發現眞正的你有其可愛之處。

你可能會發現你的行爲其實是出自恐懼：害怕自己不夠好，害怕上不了天堂，害怕人緣不好。

你可能發現你只是利用角色扮演來贏得戰利品：

「我一心希望成爲人人喜愛誇讚的人，到頭來才發現自己和所有人一樣平凡。」

你可能發現別人就算發生問題也不會怎樣，每個人都會用自己的方式去尋找自我。

你可能發現你在弱化別人以凸顯自己的堅強。

你可能發現你一心注意別人的傷痛，只是不願面對自己的問題。

拋開所有身分認同的幻象，我們才能發覺眞正的自我與自我的光輝

我們之中多數人都沒有眞正犯過罪，但性格中總有一些黑暗面必須學習面對。

修養的第一步必須先承認問題的存在，你必須坦然面對你所有的感覺，才能找到完整的自我。

人們常習慣在別人身上尋找自己的意義。當別人心情不好時，你也陷入低潮。如果別人覺得你不對，你便開始自我防衛。

其實人我的攻防根本無礙你的本質，本然的你就是完整而有價值地。

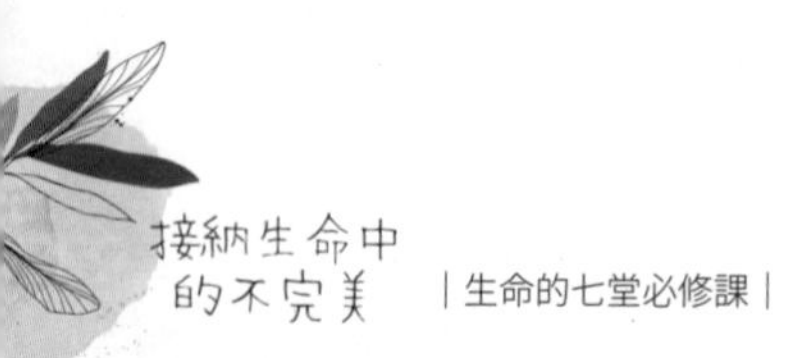

生命的意義不在於你做了什麼，而在於你是什麼

認眞看待你的行爲出發點。

要發現自我，忠於自我，你必須認眞看待你的生活經驗。你所做的一切事情都必須是因爲能從中得到快樂與心靈的平靜。如果你的行爲出發點是讓別人看得起你，你就沒有看清楚自己的價値。然而多數人的生活態度都是以應不應該爲前提，而鮮少考慮自發的意願。

如果你說你會偸竊，可能是因爲你害怕自己擁有的不夠多。

如果你說你會說謊，可能是因爲你自覺無法安心說出實話。

如果你說你會愛一個現在不愛的人，可能是因爲你恐懼愛情。

撥開層層表面之後你看到什麼？那就是眞正的你。

想想看，如果周圍沒有你的父母、社會、老闆、老師，你會怎麼生活？你會如何定義自己？

撥開層層表面之後你看到什麼？那就是眞正的你。

眞正的你將展現出最純眞的愛，最完美的人性，你必須治療自己，牢記自己的本質，這將是黑暗中指引你的一展明燈。

努力找尋自己，你自然會去做你該做的事，去學習你該學習的課程，當內在與外在的你合而爲一時，你便不再需要躲藏、恐懼或保護自己，你會發現眞正的你能超越外在環境的限制。

眞誠的人總是比親切但虛僞的人可愛很多

每個人內在都有超乎自己想像的善的潛質，能夠不求回報地施予，不加批判地傾聽，無條件地愛。

這個潛能也是我們的生命目標，每一天每一課你都可以透過大大小小的事更貼近這個目標。

你以爲你只會受到善的力量牽引，其實最大的牽引力量是眞誠。

你會發現眞誠的人總是比親切但虛僞的人可愛很多。

以眞誠爲出發點展開人生的旅程才是眞正的完美。

坦然面對自己的缺點與黑暗面。認淸別人的眞面目會讓你感到安心，瞭解自己的本質也是同樣重要的。

人就像一塊餅，切一塊給父母，一塊給事業，有些人到了末了卻沒有留一塊給自己，甚至不知道自己是什麼樣的餅。

你不必等到離開時才能知道自己是誰。

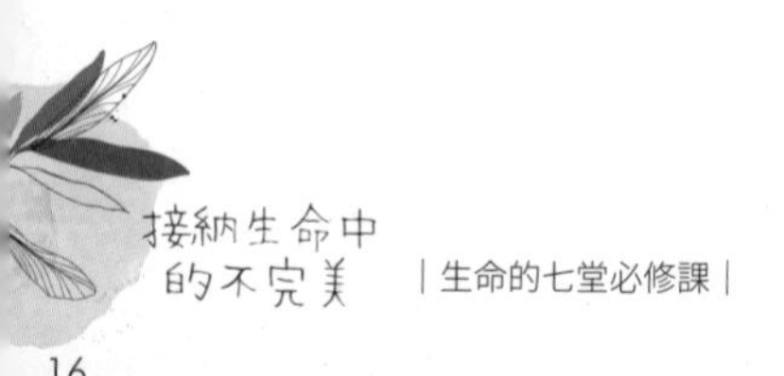

第二課　愛的功課

愛是快樂的泉源也是活在每個人心中的力量

愛是生命中唯一眞實而持久的經驗。

愛是恐懼的相反，是情感的精髓，創造力的核心，力量的來源，人類本質的一部分。

愛是快樂的泉源，世人與人的凝聚力，也是活在每個人心中的力量。

愛是人一生唯一不會失去的天賦，是我們唯一能眞正給予的東西，在虛幻的世界裡，愛是眞理。

愛雖然如此偉大，卻又讓人捉摸不定。有些人終其一生都在追尋。

我們害怕永遠找不到，害怕找到後會失去或不加珍惜，害怕愛不會持久。

無條件的愛（拋開成見、我執）

有多少人會有這種體會，在伴侶離開時才恍然大悟，我願意在他死後無條件愛他，卻不願在他活著時愛他。

你是否能夠拋開那些期望，不再嘗試改變他？奇妙的是，當你不再嘗試改變他以後，反而發現他本來就是很可愛的。

是的，只要能夠拋開預設的條件（成見），每個人都能在愛裡頭找到平靜與快樂。

然而我們常常對最愛的人設下最嚴苛的條件。

條件是綁在情感上的石頭，拋開條件你會在想像不到的地方發現愛。

人們之所以無法付出無條件的愛，最大的阻礙是害怕得不到回報，殊不知最大的回報就在付出的過程。

如果你去衡量別人回報給你的愛，你將永遠覺得不夠，覺得別人虧欠你。

因爲衡量的行爲本身就不是出自愛。

如果你覺得別人不夠愛你，並不是因爲你沒有得到愛，而是因爲你在拒絕愛。

當你與所愛的人發生爭執，你自以爲因爲對方做了什麼或沒有做什麼而生氣，其實眞正的原因是你關閉了心門，拒絕付出愛。

如果你依舊能付出愛，你會看到很大的改變，整個宇宙的力量都會釋放出來，你會看到他們的心被你融化。

要打開心房，首先你要學習用不同的角度看事情。

我們要用更寬闊的視野來看待愛，而不是斤斤計較細節。

斤斤計較于施與受是否等重，只會影響愛的表達，然而要改變這種習以爲常的心態確實很難。

當你關閉心門，覺得忍無可忍時，通常是因爲你不瞭解對方的想法。

此時不做更待何時？

人生比你所想的短暫得多，此時不做更待何時？

每個人都懷有愛、生命與冒險的夢想，卻可悲的用各種

理由告訴自己不要去追求。

這些理由看似保護我們不受傷害，同時卻也是一個禁錮，將生命排斥在遠方。

人生比你所想的短暫得多，如果你想要實現某件事或想要愛誰，此時不做更待何時？

讓環繞著你的愛進入心中

一個被很多人愛的人一定會愛自己，其實不然。

一個人如何學會愛自己？我們總是被教導愛自己是不好的，因爲人們弄不清楚自愛與自私的區別。

於是我們最後形成一個觀念，認爲愛就是遇見那個奇妙的另一半，或是眞心待我們的人。其實這不等於愛。

我們費盡心力爭取別人的愛，卻不知這樣的愛是有條件的，也就不是眞愛。

如果愛必須建立在別人認同上，你怎麼可能有愛的能力？

我想第一步可以先從靈魂的滋養做起，先培養對自己的同情心，讓自己喘口氣。

試著學會愛自己

一個愛自己的人會經常做那些會讓自己微笑的事，讓你的靈魂輕快地歌唱。

多數人都是待人較寬而律己太嚴，試著對己對人一視同仁。

試著去愛別人，也讓別人來愛你，這就是學習愛自己的方式。

眞誠地和別人談過話，我的每個微笑、付出的每一份愛都是眞誠的。

我過得很快樂，也感受到別人的關懷，令我驚訝的是我變得非常喜歡自己。

愛自己就是要接受一直在你周遭的愛，而首先你必須卸下所有的心理障礙。

也許你看不到，其實你在自己周圍砌起厚厚的強，阻礙了你和所有人的互動。

愛就是在身旁支持對方。

你不可能解決伴侶所有的問題，但你可以在一旁支援他，拉長時間來看這不就是最強烈愛的表示？

陌生人也可以是強大的安慰力量

我在演講時常喜歡以一對母女的故事做結，說明陌生人也可以是強大的安慰力量。

這對母女住在西雅圖郊外，有天年輕的媽媽上班時將六歲的女兒邦妮托給鄰居。

下午邦妮在鄰家門前草坪玩耍，街角突然出現一輛車失控沖過來，飛過草坪將小女孩撞到街上。

員警很快就趕過來，第一個員警沖過去看邦妮，一看就知道她傷得很重。但他也無法做什麼，只好將它抱起來，他就這樣一直將她抱在懷裡。

救護車到達時邦妮已經沒有呼吸，醫護人員立刻爲她裝上人工呼吸器，緊急送往醫院

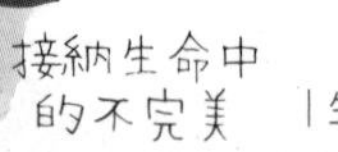

急診室的人員搶救一個多小時，終告不治。其中一個護士焦急地聯絡邦妮的母親，要告訴她早上她才吻別的小女孩已經不在人世。

護士說到這可怕的消息時盡可能地婉轉，而且堅持親自開車去接她來醫院。

邦妮的母親走進醫院前還很堅強，但當她看到小女孩冰冷地躺在床上時，整個人都崩潰了。

醫生在一旁解釋邦妮的傷勢以及拯救的過程，但對她毫無幫助。

護士也過來解釋他們已盡一切可能挽救，但依舊安慰不了她，她是那麼悲痛欲絕。

醫護人員開始考慮是否應讓她住院。然後她站起來，走過急診室要去打電話通知家人。

先前那個員警看到了趕忙走過來，他已經在醫院待了四小時了。他是第一個到達現場的人，也是從頭到尾一直抱著邦妮。

他走過去向她說明事發經過，最後加上一句：「我只想讓你知道，她並不孤單。」

聽到女兒臨時前被一個人溫柔地抱著，她非常感激，也終於感到一絲安慰，畢竟女兒在最後一刻能感受到愛，雖然來自一個陌生人。

努力給別人一點力量，我想這就是愛。

愛就是陪伴在一個人身旁，付出關懷

不論活著或臨終，陪伴在身旁就是愛的最高表現。

哈佛大學幸福課

生命最重要的祕訣：愛就是陪伴在一個人身旁，付出關懷。

能付出關懷就是偉大愛的表現。

有了愛，生命才有深刻意義，因爲愛是人類本質的一部分。

愛讓你周遭的一切變得豐富，關鍵在於你是否願意去體會。

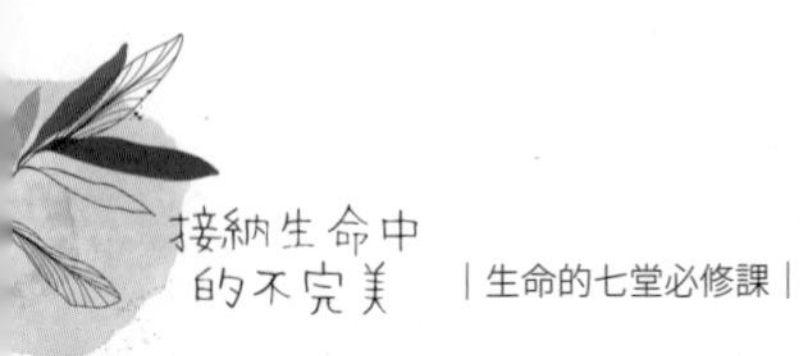

第三課　關係的功課

用心看待和人相處的每一時刻

每一段感情都會有「最後」。我希望將來回顧每一個最後時，能告訴自己我已用心做到最好。

人際關係是學習人生功課最大的機會，從中發現自己的本質，內心的恐懼，力量的來源和眞愛的意義。

當然，人與人相處也可能充滿挫折、困難甚至痛苦，但我們仍在其中學習成長、愛人與被愛。

凡是相遇都會產生感動，不管親密或疏離。

你對一種關係的態度——正面或負面、樂觀或怨懟——會滲透到所有關係，在與別人的互動中一點一點地殆盡愛或經營著愛，完全取決於你。

生命的圓滿與完整只能來自你的內在

有些人可能永遠找不到那個特別的人，但並不表示生命終究不會有特別的愛。

你可能不自決擁有很多愛，因爲我們習於將感情分類，認定只有男女之情才是眞正的愛。

你身邊有的是朋友親人，其實都是可貴的感情。

沒有一種關係是不重要或是偶然的。人與人的每一次接觸——不論是和配偶或是陌生的接線生，不論久暫或深淺，不論是正面負面、平淡或痛苦，都是有意義的。

夫妻日常的相處是要用心經營的。

人們對愛情有太多的期待，期待治療、快樂、情感、安全、友誼、滿足、伴侶，

甚至希望愛情能「解決」問題，幫助自己走出沮喪，帶來無上的圓滿完整與快樂，這是童話式的想法。

讓自己快樂成長，解決事業與家庭問題，面對所有人生的問題是我們自己的責任。

生命的圓滿與完整只能來自你的內在，找到另一半並不能解決兩性相處的問題，愛情不能讓你的工作更順利，獲得加薪，成績突飛猛進，或讓鄰居或政府變得更好。

很多人在愛情中追尋人生的圓滿，基本上是認爲自己不夠完整，無法自己產生愛，自己無法在個人、工作、人際關係上找到快樂。

眞正的答案在停止追尋，開始努力營造自身的完整。停止尋找一個人來愛，而應該努力讓自己變得更值得別人來愛。

如果你自己的船浮不起來，沒有人會願意陪你橫渡重洋。

愛他們本然的樣子

每一個人都是朝著治療的方向走，只是旅程不一定都是平順的直線。

愛會將治療所需的藥品一一帶到你面前，只是你未必能辨識出來。

每一場關係都能讓你學到寶貴的人生課題。

就像鑽石需要切磋，我們每個人都在與他人的互動中慢

慢磨去棱角。

快樂並不是建立在關係「變好」上，事實上你根本無法也不應該去改變別人，

你有沒有想過別人可能永遠無法改變呢？或者別人根本不需要改變？

你不是一直希望作你自己，爲什麼別人不能做他自己？

問題其實都在你的內心。

沒有一種關係是失敗的，對方不如你的預期也不表示他有問題。

每一種關係都是相互的，你自身的性格會映照在對方身上。

所謂同類相聚，受你吸引的人必然擁有和你相似的某些特質。

鏡子理論。

「如果我們的婚姻變得乏味，可能是因爲我覺得乏味，或更糟糕的是我這個人很乏味。」

問題其實都在你的內心，因此是可以探討和改善的。

切記，解決的方法決不是把問題推給對方請他改變，問題永遠在你身上。

命運是自己創造的，你應該從問題裡學習成長，在拋開伴侶以前先探討問題究竟在對方身上？兩人關係或你自己？

經營婚姻永遠應該在自己身上著力

一個人能控制的只有自己，只要你自己用心經營，情況通常就會自然改善。

所謂改善可能表示兩人的關係漸入佳境，也可能表示你終於認清兩人的關係是行不通的，而決定快刀斬亂麻。

愛不是操控，也不是恨。

我們應該檢討自己的感情生活，然後自問：

「我付出和收回的愛是否根據成長過程中別人爲我所下的定義？這是我希望付出和得到的愛嗎？這是我眞正想要的感情嗎？」

如果你覺得感情太過於複雜，那麼你應該省思原因何在？

如果你認爲愛就是糾纏不清，可能是因爲你小時候看到的就是糾纏不清的關係。

如果你認爲愛情就是虐待，可能你看到的就是虐待的關係。

如果你認爲愛是快樂的分享，可能你看到的是快樂的分享關係。

如果你認爲愛是關懷別人，你看到的可能是互相關懷的關係。

不要一再期望枯井能生水

人們之所以留在痛苦的關係裡通常有兩個理由：

第一，希望對方會改變，

第二，我們一向被教導所有的情感都能有好的結局。

附帶期望的坦白就是一種操控。

有時候我們很難專注看一個人的現在，而不去想過去或未來。

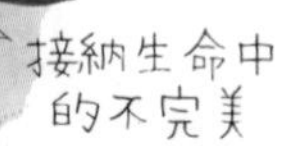

想想看，你是否常為對方很久以前做過的事耿耿於懷？

是否曾因不快的記憶而影響你對它的觀感，即使對方已經道歉過而且已經改變了，

你還放不開你的堅持，你要對方受到懲罰或讓他看到你的傷口。

你緊抓住那些痛苦，不斷累積怨恨，找尋對方錯待你的證據。

然而只要你抓住過去的傷口不放，你就不再有愛對方的心。

你應該學習在受傷時對你傷害的人表達不悅，然後繼續向前走。

如果你能拋開對未來的幻想和對事物的執著，拋開心機與計算，愛自然會生長出自己的生命。

愛會順著它想去的地方，而不是按照你的指引。其實人一向不太能指揮愛的生滅。

放開手，愛會引領你走到你從未想像的美好境界。

每一場關係都是圓滿的

人們認為無法持久的關係就是失敗的，就好象死亡或罹患癌症總被認為是一種失敗。

事實上，就算只有維持一段時間，也可以治療你的心靈。

每一場關係都有他存在的意義，當意義消失時這段關係就已經圓滿了。

關係沒有所謂對錯，一切都有它的道理。

哈佛大學幸福課堂

從最初的相遇到最後的分別，你可以從每一場關係看到自己靈魂的豐富，學習治療自己。

放開偏見與執著，你就不再苦惱你要愛誰，要愛多久，你會超越這些限制，找到一種奇妙的愛，上蒼特別為你創造的愛。

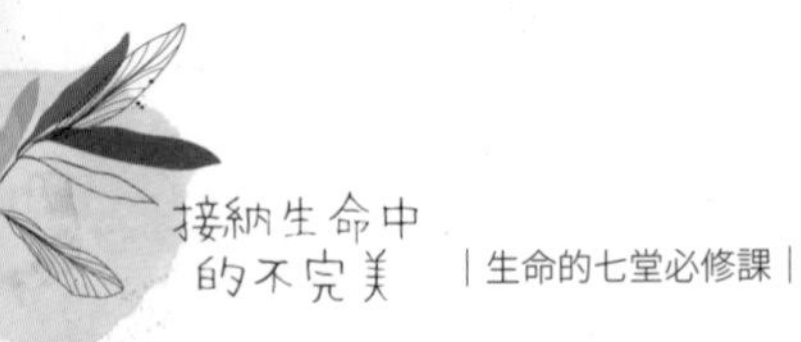

第四課　失去的功課

人生無法重來，沒有失去也就沒有成長

人生若是一所學校，失去就是最重要的一課。

我們終將失去一切，但眞正重要的東西卻永不會失去。

反而應爲短暫的人生中能擁有如許美好的事物而心懷感謝。

失去的經驗就像在心中鑿一個洞，但你也能從這個洞流出愛，也能留住別人的愛。

人生在世就是不斷地失去。我們擁有的一切都只是暫借，我們何嘗眞正擁有什麼？

想要「留住」什麼或努力避免失去都無法帶給你安全感。

臨終的人知道他將失去什麼，也因此分外知道珍惜，是活著的人習於自欺欺人。

嘗過痛苦的人終將變得更堅強更成熟。

多數人一生中總是不斷地對抗失去，卻不瞭解生命卽是失去，失去卽是生命。

人生無法重來，沒有失去也就沒有成長。

內在有些東西永遠不會失去，時間可以治療一切

當我們一一向每一樣東西告別時，會發現內在有些東西是不會失去的。

假設某人的孩子出生卽失明，面對失去這沉重的打擊可

能會有如下五種階段的反應：

否定→醫生說他的眼睛不會跟著東西移動，但也許長大一點就好了。

憤怒→這些醫生是做什麼的，爲什麼沒有早點告訴我們！上帝爲什麼要這樣對待我們！

討債還債→等他大一點有學習能力，也會照顧自己，我一定能面對這個問題。

沮喪→太悲慘了，他的未來會大受限制。

接受→反正問題來了就盡力解決，她還是可以享有充滿愛的美麗人生。

或許唯一能確定的是時間可以治療一切。

然而治療過程未必都是直線進行的，而是比較像坐雲霄飛車，你才覺得將爬到幸福的頂端，突然跌落絕望的深淵；你以爲自己一直在退步，卻發現其實是迂回前進，而下一刻似乎又回到原點。

這就是治療過程，你終將治癒，你終將找到幸福。

也許失去的再也找不回來，但你會復原的，在人生的某一個十點你會恍然大悟，你曾深深痛惜失去的人或物其實不曾眞正爲你所有，但你將以另一種形式永遠保有他們。

愛過後失去總比未曾愛過好

失去所愛的痛苦終究是人生最難承受的

失去不只是讓心變得更柔軟，有時候讓人變得悲傷、孤單、空虛。

愛過後失去總比未曾愛過好。回顧你的一生和失去的一

切，你或許很難一下子看到自己的成長。

但你必然會有所成長，嘗過痛苦的人終將變得更堅強更成熟。

人到中年可能頭髮漸稀，但也瞭解了頭皮下的東西更重要。

退休後可能收入減少了，卻得到更多自由。

老年時可能失去獨立自主的能力，卻發現過去付出的愛有了回饋。

失去身外之物或許讓人不舍，但你會變得更自由，也會發現人生在世無所罣礙才能瀟灑自在。

有時候一段情感的結束會讓人認清自己，看清自己的本質，而不是別人眼中的自己。

你可能在失去以後才領悟到失去的東西是如此可貴。

死別不是最慘的，生離才讓人難以忍受

喪親是最讓人心痛的，但對經歷過離婚或離別的人來說，他們終於明白死別不是最慘的，生離才讓人難以忍受。

對於死去的人我們總能找到新的方法分享他的生命，讓他永遠活在我們心底；

但知道一個人還活著卻不能與他共用生命，恐怕比永遠的死別更痛苦，也更難解脫。

傾聽臨終的人談話，你對失去會有不同的體會，尤其那些曾被判定死亡的人常會說出共同的經驗。

第一，他們不再懼怕死亡。

第二，他們知道死亡不過是脫去肉體的軀殼，就像脫去

一件不在需要的外衣。

第三，他們死時會有深刻的圓滿的感覺，覺得和萬事萬物合而爲一，完全不覺得失去什麼。

他們完全不感到孤單，而是覺得有人與他們同在。

失去將使人與人結合起來，讓人更能懂得彼此關懷

我會以過去不曾想過的方法扶持朋友，也能完全體會他們的感受。

這就是失去的正面意義，失去將使人與人結合起來，彼此產生更深的瞭解；

讓人更能懂得彼此關懷，這就是生命經驗所辦不到的。

和失去同樣痛苦的是患得患失的心理折磨。人生有時候不免要忍受這虛懸的痛苦。

我們擁有的一切都是暫借的。

多數東西對我們的意義不在於東西本身，而是它代表的意義，而這些意義是永遠拿不走的。

一個人生命的失落或可能失落總會影響到很多人。失去可能讓人愈離愈遠，也可能因此緊緊相連。

只要生命持續流動而未停滯，時間就會治療一切。

每個人有他經歷失去的時序與方法，造物主慈悲地給我們否定的寬限，時間到了感覺就會浮現。

不管多麼複雜糾結的失落感，我們總會用自己的方法慢慢復原的。

因爲悲傷是極度個人的，只要生命持續流動而未停滯，時間就會治療一切。

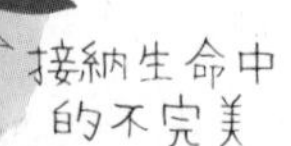

失去是成長的標記，證明你有能力浴火重生

無論你怎麼努力都不能避免失去，更不可能創造一個沒有失去的世界。

人不可能活在一個沒有失去的世界，所有擔憂雖可能發生，但不一定會發生。

走出痛苦的唯一方法就是經歷痛苦。

失去和跌倒很類似，不管失去人或物，失去平衡或別人的認可，所有失去都有一些共通點。

經過火焰的洗禮，你徹底改變了，變成晶瑩的寶石。

社會、家庭或個人都會經歷失去，一個家庭在失去的開始可能會陷入混亂，四分五裂，

但慢慢地終將重新組合起來。

治療失去需要經過幾個階段。第一階段是承認失去，

在臨終的病人發現最重要的是自己的心和親人的心，有些東西是永遠不會失去的，

你曾感受到的愛和你曾付出的愛永遠都不會失去。

生命不只有失去。

對身陷痛苦的人而言，生命似乎只有不斷的失去，然而迴圈不息的生命隨處可見。

這些失去的生命在很多年以前開始於另一個似曾相似的嬰兒室……

第五課　力量的功課

每個人內在都擁有驚人的力量

一個人眞正的力量並不是來自地位、存款數位元元或傲人的事業，而是內在眞我的表現。

是個人力量、誠信與氣度的外顯，每個人內在都擁有驚人的力量，只是自己不自覺罷了。

我們環顧周遭，看到別人比自己有力量，看到自然的力量，驚歎一粒種籽能長成花朵，

太陽無日停歇地跨過天際。

我們甚至看到生命從自己身體孕育誕生，同時卻以爲自己和這些力量毫無關係。

上帝並未刻意將大自然造得強大，將人類造得軟弱。

力量源於認知自己的獨特性，瞭解自己擁有和任何生命一樣的天賦。

人的力量深藏在內，與生俱來。人們往往忽略它的存在，但只要重新認識它就能發揮出來。

貧富在於人的心裡狀態。

貧窮意味著思想貧乏，而這比沒有錢更危險。

因爲你的思考裡沒有價值，你忘了金錢來來去去，個人價值才是恒久的。

相反地，一個人若是時時記住自己的價值，也就會不斷提升自我價值，光是這一點就是無上財富。

努力去做你喜愛的事，你的人生價值會比擁有賓士車更

高。

多少人在臨終時表示過憾恨，遺憾「從未努力追求自己的夢想」、「從沒有做自己眞正想做的事」、「半生淪爲金錢的奴隸」。

但從來沒有聽過有人抱怨「沒有在辦公室多待一點時間」或「如果能多賺一千萬不知有多快樂」。

放棄控制，你會發現擁有更大的力量

人們不但相信金錢可以產生力量，也認爲控制權就是力量的表現。

但這不等於眞正的力量，只是對他人擁有暫時的影響力。

人們害怕失去一切身體、工作、金錢、美貌都是外在力量的象徵。

當你想要控制外在環境或別人時，也就讓自己和別人沒有機會去體驗生命中自然發生的起伏。

你以爲你是出於一片好意，然而你的方法未必是最好的。別人爲什麼要遵照你的方法？

爲什麼不能發揮他自己獨特的風格？放棄控制，你會發現你擁有更大的力量。

你以爲可以控制別人或外在情勢，其實那只是一種假像。

試著放棄控制，人生不會更混亂，反而會展現一種自然的秩序。

會發生的事情自會發生，無須刻意強求。沒有所謂的意外或巧合，這是因緣，這是眞實的力量。

生命是用來實現自我的

個人的力量是天賦的。但我們常不自覺地忽略了。

當我們在乎別人的看法時就是放棄自己的力量。

要重拾力量你必須記住這是你的人生，重要的是你自己怎麼看。

你沒有力量讓別人快樂，卻一定有能力讓自己快樂。

你無法控制別人的想法，事實上甚至你很難影響他們。

想想看十年前你曾經嘗試取悅的人現在在哪裡？可能和你的人生已毫無關係了，或者即使有關係，你以不在乎他們的認同。

敞開心胸，收回你的力量，建立對自己的觀感。上帝賜給你力量是讓你去做你想做的是，而不是「應該」做的事。

這是生命最大的浪費，生命是用來實現自我的。

寬闊的氣度。

釋放出幫助別人堅強起來的力量，必須你本身夠堅強才能幫助別人而不居功。

而這股力量又會成爲你內在的支撐，當我們看到你的堅強，也就體認到自己內在的力量；當我們看到你的愛心，我們不由自主便會以愛響應，從而發現自己內在充盈著愛。

寬闊的氣度讓這種善念向外擴充，在相信別人的同時，也找到相信自己的力量。

簡單才是快樂的泉源。

我們只是凡人，終不免迷失方向。

我們會檢討自己的錯誤和缺點，然後開始感到不快樂，覺得應該要自我改變，然後便開始陷入「貪求」的危險陷阱。

我們常告訴自己，只要賺更多的錢、爬到更高的職位或贏得更多的尊敬，我們就會快樂。

貪求便永遠感到不足，我們的力量會一點一滴流失，總以爲再多一點點才能快樂，殊不知簡單才是快樂的泉源。

懂得感恩的人自然充滿力量

因爲體會生命的無常，所以常心懷感恩，也因爲感恩，而讓我的生命充滿意義。

一個懂得感恩的人自然充滿力量，感恩就是力量的泉源。

懂得爲眼前所擁有的一切心懷感恩，才能產生富足之感。

感恩是一門難得的藝術，其中蘊藏著眞正的力量、快樂與幸福。

我說的是爲你所擁有的，爲事物本然的狀態心懷感恩。

感謝世界有你，感謝你爲世界帶來的一切，爲你的獨一無二的心懷感恩。

知足是氣度與力量的表現

如果你不懂得珍惜身邊的人與事，將來縱使擁有更多東西與權力又怎會珍惜？

你若不曾學會感恩，縱使你擁有第二個妻子，第二個一百萬，更大的房子，你還是不會滿足！

你會不斷渴求你所沒有的，永遠無法停止。

我們應該專注自己的道路，追求高於金錢物質的東西，追求心靈的富足。

在我們領悟時會發現什麼都已足夠，知足才能不再外求。

想想看，當我們覺得人生夠長、世界夠美時是多麼愉悅的感受。

但我們少有這樣的感受，總覺得一切都不夠好。

然而我們的想法是可以改變的，知足其實是氣度與力量的表現。

當你不需要追求更多，不渴望控制一切，生命才能盡情開展。

力量來自於瞭解自己。

每個人內在都蘊藏著強大的力量，只是不知到如何去發揮。

眞正的力量來自於瞭解自己，認識自己在世界上的位置。

一位貪求只會忘了自己是誰，當我們知道萬事萬物都有它的道理，我們的力量自然會發揮出來。

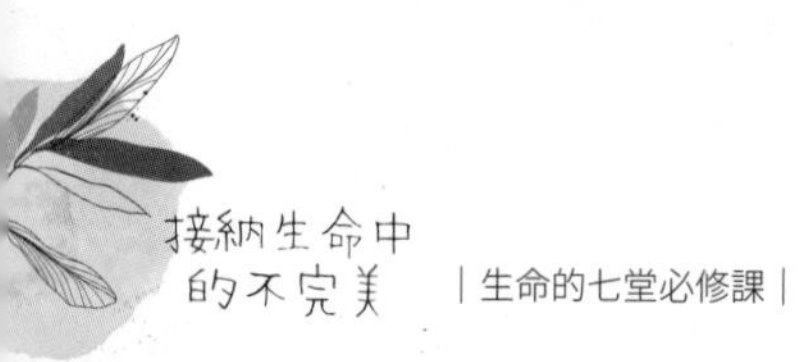

第六課　愧疚的功課

選擇愛或愧疚全在一念之間

愧疚感的形成來自於過去某個時點認定自己做錯了事。

愧疚感的基本心理是一種自我批判，認定自己做錯了事，而帶給自己痛苦。

當一個人違背了信仰，將憤怒轉向自己時便產生了愧疚感。

取悅別人的心態最易滋生愧疚感，當一個人想要追求獨立時也會產生愧疚感。

愧疚感是人性的一部分。有時愧疚感是一種指引和警訊，讓我們警覺自己偏離了信仰，或是逾越了界線。

自我省思調整行爲，才能擺脫愧疚。

選擇愛或愧疚全在一念間。

如果你想讓自己好受一點，就必須放開愧疚，包括你自己的和你給別人的。

你若抱著那些念頭，就無法放開愧疚。

愧疚感會將人所在內心最黑暗的角落，和怯懦、羞恥、無法寬恕的心綁在一起，餵養自己最狹隘的一面。

而最重要的養料就是缺乏行動。

當一個人感到愧疚時，必然心胸狹隘，思想不高尙，不久開始感到羞恥。

解決之道是立刻採取行動，分享你的感覺。眞我不知愧疚爲何物，眞正的我是不受愧疚感束縛的。

羞恥和愧疚是孿生兄弟。

舊有的愧疚滋生新的羞恥。

愧疚源自於自認做錯了事，羞恥則是對自己無法坦然。

愧疚只會觸及你的意識，久而久之則會變成你的羞恥感，不斷觸痛你的心靈。

就像愧疚一樣，羞恥感常在你還不清楚認識自己時就已種下種籽，然後在你心裡茁壯。

你以爲是你做錯了什麼、哪裡出了問題，你將傷痛、憤怒、怨氣全都掩藏在心底，

只剩下對自己的不滿——這時你還不瞭解凡是人都會犯錯，需要改正的是錯誤而不是人。

「寬恕」自己和別人是治療愧疚的良藥

平靜和愧疚是相反的情緒，當你感到愧疚時便不可能擁有心靈的平靜。

如果你心中充滿愛與平靜，你會排拒愧疚感，選擇愛或愧疚全在一念間。

愧疚來自於過去，心懷愧疚自然無法拋開過去。「寬恕」是治療的良藥，瞭解過去然後放手拋開。

所有愧疚都可以用寬恕來清洗淨化，只要你能寬恕自己和別人，你的愧疚感就會煙消雲散。

沒有人應該被愧疚禁錮，每個人都應該獲得寬恕。當你體會了這個道理，你的心靈才能眞正享受自由。

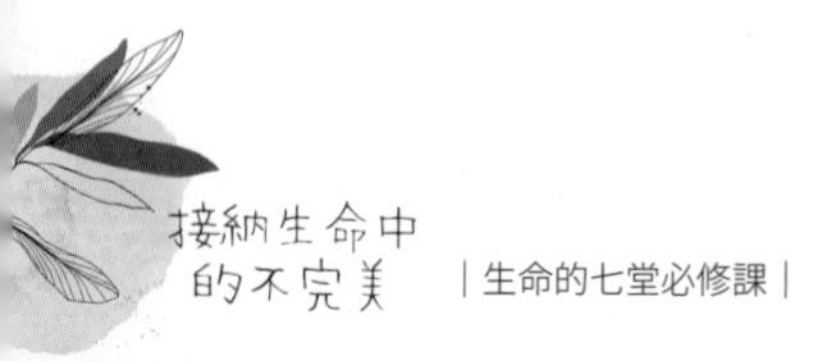

第七課　時間的功課

時間的價值與體驗完全在於人的觀點

時間的價值與體驗完全在於人的觀點。

表面看起來生命的起點是生，終點是死，其實不然，生死只是持續狀態的其中兩點。

時間不是固定的，而是相對於觀察者而定。時間的價值與體驗完全在於人的觀點。

時間會改變一切，人的內外在都會改變。

事實上生命不斷在變化，只是人們通常不太喜歡改變。

即使心裡有所準備，還是不免抗拒。

但你無法阻止世界的改變，偏偏那改變的步伐不是太快就是太慢，你很難和它同步。

人們之所以害怕改變是因爲有些改變無法控制。

不確定感是最難熬的。

改變就是告別舊的熟悉的方式，迎接新的陌生的生活。

有時讓人難以適應的不是新舊問題，而是新舊之間的過渡時期，例如生命的一扇門關閉時，

總會有另一扇門打開，但中間的走廊是最難熬的不確定時期。

如果你抗拒改變你一輩子都會處於抗拒的狀態。

你必須努力學習擁抱改變，或者至少試著接受改變

拋開既定的觀點會讓你的心胸變寬闊。

人到中年對人生和自己都有較透徹的認識，不會再浪費時間在無謂的俗慮上。

你希望活多久？當世界已變得無法理解，當所有愛的人都已死去，活著是多麼空虛的事。

專注現在活在當下，充分體驗這一刻生命的價值。

當我們仰望星空，看到的其實是過去的時間。

那不是今夜的天空，而是幾年前甚至幾百萬年前的，起端視光線到達地球的時間而定。

有多少人是以今日的眼光來看待自己的父母？

當然，這是很困難的，多數人孩提時都已種下強烈的印象，認定父母是無所不能的巨人，及一些揮之不去的惡劣印象。

我們常不知道別人今天的眞實狀態，甚至不知道今天的自己，我們看到的是過去的自己或希望的自己。

其實每天都可以是一個全新的開始——只要你能活在當下

看清楚生命的眞正本質。如果你無法活在當下，便無法看清楚自己和別人，也不可能找到快樂。

瞭解過去與未來是怎樣剝奪了當下的體驗。

這一刻請試著放開過去，專注現在，充分體驗這一刻的生命。

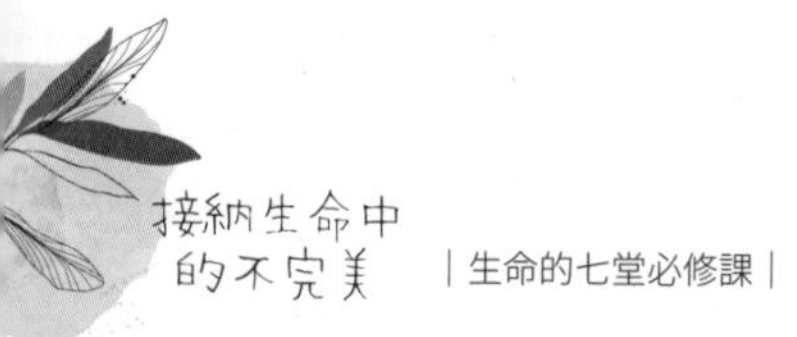

下一次當你和配偶談話時，別再想著工作，專注你們的交談，然後再專注思考工作的問題，

這樣你和配偶的談話會更愉快，工作也會更順利。

試著一次專注一件事情。

人們習於倚賴未來，有些人活在未來的夢想，有些人懼怕明天的到來。

結果都會讓你錯過當下的體驗與感受。

我們可以在時間之外繼續存在。

更深入思考的體會是，縱使時間不存在了，我們的生命還是會繼續。

人爲的時間瓦解的愈厲害，我們愈覺得自己活在時間裡，將來也會在時間裡死去。

我開始有一種感覺，我們是永恆的，可以在時間之外繼續存在。人的本質其實就是超越時間的。

唯有拋開期待，才能活在眼前神聖的時空裡

病人得了不治之症時，病人的時間感會突然強烈起來，開始害怕時間不夠用。

常會感歎生命不夠完整，其實完整的一生只要兩個要件：生與死。

事實上沒有一個生命是早夭的，當你走時，就是你該走的時候。

多數人似乎認爲一個人必須擁有幸福美滿且長命百歲才足夠，否則就有遺憾，

這是用人爲的標準衡量一切。

哈佛大學幸福課堂

最重要的是活在當下充分體驗這一刻，而這也是最艱難的挑戰，

你必須知道這一刻可以決定你是否快樂、是否得到愛，必須不把希望寄託在未來而忽略了當下。

唯有拋開期待，才能活在眼前神聖的時空裡。

放下過去就是在當下
爲未來打開一扇門

情緒與轉化

您是否感到莫名的煩燥呢？

您是否對生命一切事物開始失去興致呢？

笑容是否在你臉上漸漸的消失了呢？

如果對於以上問句的答案皆是「Yes」的話，那我們可能必須一起來正視這個主題了。

身爲現代人由於身兼多重角色，責任的壓力，情緒的調整與轉化將是每個人切身重要的一種生活技術，而大多數人往往無法卽刻性的面對與作確切的反應，以至於使情緒日積月累，形成一股剪不斷理還亂的意識狀態，最終使生活變得一團亂，人際關係處處充滿衝突與暴力。

好消息是，我們可以透過覺知情緒與轉化情緒的原則，使每個人回到生命駕駛座的位置上，掌握自己的生命，隨時平衡自己的情緒，使情緒成爲生命的一股正面動力，而非製造生命災難的亂源。

轉化情緒的原則

原則一：情緒的覺知

提高你對自己的情緒俱備全然的感知能力，所謂情緒的覺知，就是一種對自己正在發在發生的情緒，俱備一種敏銳度，一個有覺知的人，才能適時對自己的情緒作正確的反應，進而給情緒一個轉化的出口。

相反的，許多人對自己的情緒常採取封閉不理會的消極模式，關起我們的感知，任由情緒被潛藏在下意識，隨時像個一觸即發的地雷，事實上當我們對情緒有正面的認識時，您將發現，負面情緒有多大，也表示他背後可被轉化後的正面情緒就有多大。

原則二：補捉情緒背後的故事

每個情緒的發生其實都是有跡可遁的，每個情緒的背後其實都聯結著一個故事，但我們常常因為忙碌或不願面對，而切斷了去體察自己情緒根源的原因，以至於失去對情緒的瞭解與轉化的機會。當瞭解情緒背後的故事時，我們可以透過去厘清故事內的需要與害怕、與故事中的當事人進行有效的溝通與整合。

原則三：平衡情緒

很多疾病的產生是因為情緒體的反應，長期壓抑情緒無法表達，以至於讓這些情緒體創造了身體的病痛反應。正面美好的情緒，可以使身體變得更年輕健康、更有活力。任何時候當有負面情緒出現時，讓自己去看到背後正面的意義，只有我們對發生的事物，作了消極的認定，才會使我們開始產生負面的情緒，當任何事物發生不如自己的意時，試著告訴自己，這件事的發生一定有其意義，並告訴自己一切會越來越好的，思想信念影響著情緒，情緒反應出行為模式，行為創造結果，別讓負面的思想信念成為創造世界災難的源頭。

原則四：放下評斷

所有負面情緒的發生，常常來自我們對某人、事、物，作了一些負面的評斷，舉個例：我們對某人生氣，因為某人遲到，我們作了一個評斷，這個人非常的不尊重我，這個人非常的沒有信用等……，於是我們開始生氣。如果我們先試著放下評斷，給予對方一個可能遲到的正面理由，那這個情緒即可快速的轉化與平衡。

負面的評斷常是創造負面情緒的起因，也是人與人與世界產生隔閡的城牆，當我們察覺自己，開始對生活一切充滿抱怨時，就讓我們從放下評斷開始吧！

原則五：轉化情緒

情緒的轉化其實可以非常接近生活化的，只要隨時覺知，隨時調整，寧靜與喜悅，將成為你我生活的樂章。

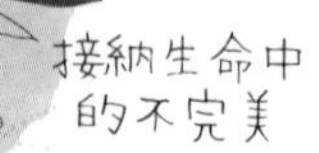

（一）身體面

養成定期作身體動態活動的習慣，使身體透過運動保持並帶動能量的流動。

吃簡單，均衡營養的食物，並攝取足夠大量的水。

隨時放鬆身體，養成慢且深的呼吸，同時幻想所有負面情緒透過吐出氣離開，調息平衡情緒。

身體的按摩，讓身體的肌肉保持在放鬆與柔軟的狀態。

當覺知有負面情緒時，試著作些身體姿勢的改變（至少5—10種姿勢，同時進行大量的呼吸）。

（二）感官面

常聆聽美妙的音樂，欣賞藝術，有美感的圖像或影片。

進行芳香精油泡浴，選擇自己喜歡與適合的精油，並加少許海鹽中和身體氣場的陰陽。

在自己的工作與居家場所放置清新與放鬆的芳香精油，並且保持空氣的暢通流動。

空間的美感、色彩與整潔，使自己在良好的空間視覺暗示中。

（三）情緒面

聲音釋放與肢體碰撞釋放：透過亂語、聲音或身體的舞動，捶打抱枕來渲泄與釋放情緒（可以大哭大叫，或發出任何聲音），亦可選擇面對信任的朋友，創造一個安全的空間，進行分享的釋放。

廣東獅子會381區　感恩之旅

親愛的朋友，有生命力與活生生能量的人，必然有情緒動力的，所以對情緒不再批判、不壓抑、也不助長，全然的接受與轉化，生命的美就在於他是充滿活生生的生命能量的，就讓我們一起學習，成爲21世紀的情緒轉化的大師。

情緒紓解小祕訣

管理情緒的另一個重點，就是要有些紓解情緒的方法。

一、給予自己表達的空間

說出來確實是最好的紓解方法，有人能傾聽則效果更佳。所以經營個人的親密關係（父母、手足、子女、配偶、知己）建立足夠的傾訴物件是非常重要的。懂得尋求社會支持，找適當的專業人員有時也是必要的。退而求其次，寫下來、畫下來、唱出來也可以。若環境許可，獨自大聲罵一罵、找個枕頭打一打亦可行。

二、學習生理的調適

包括深呼吸、肌肉放鬆、冥想放鬆、靜坐、適宜的運動等。這些均要平常多練習，情緒發生時，這些方式才能發揮調節的功能。

三、培養熟練和多樣化的興趣

從事自己有興趣的活動，不但具有高度紓解情緒的效果，更能怡情養性使自己處在較平和的狀態，減少被內外在刺激引發情緒的機會。不過，要達到如此的功效，必須有下麵幾個條件。其一此興趣是對個人有益的。喝酒、去不良的聲色場所就不恰當。其二對此活動要有某種程度的熟練。例如喜彈奏樂器，但平時不常練習，負向情緒產生時要用來紓解，不但效果不佳，可能因彈奏不順而心情更挫折。其三要多樣化些。如只喜打籃球，心情不好時天公又不作美，雨中打球可能更淒涼。

四、認知的分析與調整

其原則是瞭解自己有哪些內在語言影響情緒的發生，在情緒發生時記錄下內在的想法，歸納出一些主要內容，如：完蛋了、我沒救了、我就是這麼笨等。平時心情平穩時自我挑戰這些想法，練習用正向、對自己有利的語言替代，直到自動化爲止。

此外，「勇於面對問題，學習解決策略」雖不是直接管理情緒的方法，但能夠面對問題，且有能力和方法解決各種問題，產生不愉快情緒的機會就自然減少。而「培養自信、樂觀、彈性」的正向人格特質，較能保持愉悅的心情，不易激起負面的情緒，則是能成爲情緒的主人最重要的特性了。

內有明鏡心自明

每個別人都是自己的鏡子

事實上，你處在人際關係的叢林中，每個人，甚至每棵樹都在監照著——如果你把自己的眼睛投射到一個事物上，每一個事物上都能看見你的影子。你與世界交互，總是你先把自己的能量投放到那個事物之上之中，然後作用都會發生。

如果你不把自己的能量放入其中——將什麼反應也不會產生。你把自己的能量投放到外部事物上，然後「反應」開始進行——這外部發生著化學的或物理的反應——同時你內部也在發生著相同的反應：只不過它是更爲細敏或強烈的——微化學反應或微物理作用而已。

這一切一直存在，也許從未感受到什麼，那並不是說明什麼也沒有，而是說明你太不夠靈敏，你太遲鈍而已。

每個別人都是自己的鏡子，如果你有足夠的審視力和反覺力你會覺得它是眞理。在任何一個外物身上都能照見自己的影子，如果你的覺知力能夠搜索到那細微之訊時。如果你沒有靈敏之思，卽使給你一面寶鏡你仍然什麼也不會看見。你能看到什麼，並非取決於外在一定有什麼，而是取決於你的豐富度和你的敏覺度。如果你內在純粹空的，那麼你將看見所有；如果你的內在是限定的，那麼你將看見狹隘與局限。你的內在的開放性決定你外在的開闊性。你內部的空間和你外部的空間呈同方向的改變——如果它寬闊，那麼另外的一個就寬闊；如果它不寬闊，那麼另外的也將是狹窄的。

你就是自己的鏡子

當你覺得全世界都對不起你，
別人看見的就是刺蝟般的你。
當你覺得天使們都停在你的肩膀上，
別人看見的就是光芒萬丈的你。
當你覺得沮喪失落能量低迷，
別人看見的就是不值得託付的你。
當你覺得自在昂揚充滿信心，
別人看見的就是值得相信的你。

你不用找別人評價而知道你自己，如果你具備那麼很習慣化的自然反觀或覺察能力，那麼時刻你都會在別人的身上看到你自己的圖像。

如果你看到的自己是變形的或扭曲變化的，那並非說明他人或它物是變形鏡或哈哈鏡——那只能說明你的靈性吸入系統太複雜了，太豐富了，以至於它們在吸收外在能量時發生了錯亂或交叉。

事實上，你看到什麼並不重要——重要的是你必須留一部分能量投入在「看」這件事上——如果你把你的能量點或意識點投放到看到什麼上，那麼將是主體消失，主體把自己完全放入客體之上；如果你完全留在「看」這件事上，那麼將是客體消失，只有完全的主體。每個鏡子都因你存在每個鏡子都因你存在。你不能只看鏡子而忘了你，也不能只見你而不見鏡子。同時看到兩者——並變成第三者，這是個訓練和學問。來瞭解這個科學。它有十分的意義。

如果有意識存在，每件不透明的事物都變成鏡子；如果沒有意識能量存在，即使透明的玻璃存在在那兒，它仍然是死的。所以，一個基本的真理就是：每個鏡子都因你而存在，如果沒有你和你的意識能量，它即使再光明也是一片玻璃。

並非鏡子內部有你你才看到了你，而是你內部有鏡子你才看到了鏡子同時也看到了你。其實萬物都是一面鏡子——有覺知和反覺能量的人都能看到它的光明及自我的影像。如果你的內眼清醒，萬物有光有靈；如果你的內眼死閉，萬有無光無華。

如果你的內眼是瞎子而外眼睜的透大，即使你看到明亮的真鏡，你也只能看見自己的虛像；如果你的內眼是明亮的即使你外眼變瞎，即使你從一塊水泥板上也能看到光明的景象和自己的形影。

一切並不取決於你外部事物的光明和你自己外在眼睛的明亮，而取決於你內在眼睛是否開放和開放程度。

每個別人都是自己的鏡子，這由你的內眼所決定。每個人都有雙重眼睛，至少那內在的眼睛是否張開和張開程度如何？它取決於你的意識是否回到內部以及你的修煉方法和結果。

每個別人都是自己的鏡子，但並非每個人都能從中看到他自己。你的一切由你所決定，同時你從一個事物內部看到什麼也由你所決定——由你的內在的存在所決定。

你不可能在那個事物內部看到你內在沒有的東西——如果你的內在有多少，你就能從它的內在看到多少……還是那句話，一切由你決定。

你的外在世界由你內在世界所映射，你的外在世界必須爲你的內在世界打開它實在的門。

你必須雙重打開，否則你只能領略到存在一半的光輝和風景，另一半則是黑暗與阻擋。

每個鏡子就是鏡子本身

看到外部到處是明鏡，這取決於你的內修之中滿滿是光明。當你修煉到光明境——每個鏡子就是鏡子本身。

鏡子將失去它的作用，而你從不再依賴於任何外在的明鏡，因爲那時你內在就有明鏡——你不用再通過客體之鏡而照見自我，你隨便都在自我觀照之中。

開始你必須賴依鏡子看見自我，你必須與別人作用來成長自我。但當你來到某一個時刻後，你開始就不再需要它們了。

你完全可以靠你自己來達成一切，完成一切看見一切。客體必須被推開，鏡子必須被砸了……這是師父們最後說給徒弟的話，事實上，它是一個自然的結果和來到。

如果你成長到那裡，自然會經驗這樣的事，這不是教導，而是經驗的導示。好了，不再多話，但請記住：在成長之途，每個別人都是自己的鏡子——來記住它，它有助於你照見自我，它有助於你通過它而不再賴依於他。

你必須通過利用某個存在來丟開某個存在——這也眞理，所以請好好利用周圍存在的鏡子而最終丟開那個鏡子——睜開你內在的雙眼，光明你內在的鏡子，開明而活吧。好，停止敲鍵的手指，來教它去舞蹈去吧……

錄製線上課程

恐懼的陰謀

不論是在表意識或是被掩飾，恐懼的陰謀癱患了我們，使人無法前進。我們被恐懼套牢。因爲恐懼是如此的大，看起來我們似乎永遠都爬不出這陷阱。我們嚇壞了，而自己似乎也縮小了。所有的陰謀都是「自我」面對恐懼的錯誤策略，尤其是對生命意義的恐懼。這些策略或許能將少許的恐懼處理掉，但因「自我」是由恐懼所製造的，所以「自我」永遠無法斷絕恐懼。

恐懼的陰謀將恐懼藏匿起來，而不是去面對她。只有透過去面對恐懼，才能化解恐懼。躲藏起來，並不會讓恐懼消失。一旦我們挺身面對，並回到現在，我們就能瞭解恐懼是一個幻相，恐懼來自於評斷，而評斷是因爲隔閡。

單是一個恐懼的陰謀，就可讓人完全停頓，卽使只是牆壁上的影子，我們也能將她變成心中的怪獸。因爲恐懼的關係，我們已在自己的想像中死過千百次了。

恐懼的陰謀讓我們渺小自己，害怕踩出下一步。她讓我們對於去迎接感到驚嚇萬分，也在生活中缺乏勇氣去站在自己的位子。我們利用恐懼再滋生恐懼。

壓力是成長的開始

當我有一天回家的時候，我媽告訴我一個小故事：你知道嗎？爲什麼我們家種的豆芽菜細細幹幹的，而專家種的豆芽菜爲什麼種出來肥肥胖胖的！我說我搞不清楚。媽就解釋了，今天中國時報報導了一個故事，我們家種豆芽菜是小孩子在玩，所以把它丟進了培養皿，他愛怎麼長就怎麼長，長出來又細又幹、光合作用；但專業種豆芽菜就不是這樣喔！當種子灑下的時候，它會在上面蓋上一層重物，這重物可能是玻璃墊或投影片，所以當種子蹦出來的第一個時間，它碰到的就是個壓力，它就必須告訴自己，我必須把自己的臂膀肥厚才能夠舉起這個重物，而且他們在舉的時候，彼此之間有個默契，他們都會一起喊一句話：「一、二、三頂」、「一、二、三頂」，頂的這邊太快的話壓力會往另一邊傾斜，另一邊就永遠長不起來了。

所以各位如果有到福華飯店吃一道名菜叫炒豆芽，那個豆芽胖到裡面可以塞肉，你就知道這豆芽有多胖了；所以古老的中國人有一句老話「壓力是成長的開始」，各位，壓力是成長的開始，所以各位以後夾起豆芽菜在吃的時候，你看到它長的很胖，你要對它越尊敬，因爲它是經過逆境中的成長。

有一天我回到家，我太太又告訴我一個故事。說她在日本求學的時候，日本人很喜歡吃一種魚，這種魚是做生魚片最好的料，所以日本人就從西伯利亞空運到日本，在空運的過程中，有40%的魚死亡，所以社長就召開會議，怎樣讓魚的存活率增加，死亡率下降。其中一位銷售員就說：「魚爲甚麼會死掉，首先我們要正本清源，當飛機飛到平流層時，飛機上的魚就會晃，就會自然暈機死亡。」安逸是魚死亡最佳的安眠藥。所以這時候一位銷售員舉手答道，爲了讓魚的生存率增加，死亡率減少，最簡單的方法就是在每一個水族箱中放入魚類的天敵——螃蟹；這時候大家都說：「不可以，這樣會讓魚的死亡率增加。」銷售員回答：「不會的！是什麼讓魚死亡，就是安逸！所以在每個水箱中放入螃蟹，在整個運送過程中，魚爲躲避螃蟹的攻擊，會全神貫注，看著他的對手，想著如何避免螃蟹攻擊的策略。」果不其然，魚的死亡率從40%下降至5%。所以有句話說：「安逸是組織最佳的安眠藥。」

區分六種不同的憤怒

第一種憤怒

如果有人攻擊我或對我做出不公平的事，我自然會有的反應，這種憤怒驅使我做出有力的反抗，而且給予適當的回應。

這種憤怒是正面的，它幫助我行動，使我強壯。

憤怒在這情況之下是恰當的。當目的達成之後，憤怒也會消失。

第二種憤怒

當我察覺到，我沒有獲得我可以或者應該獲得的東西；或者是我沒有要求、請求我可以或應該要求或請求的事情，我會感到憤怒。

我們會對別人生氣，用憤怒來取代行動，而憤怒也就成爲沒有行動的結果。這種憤怒會有癱瘓和削弱的效果，而且通常會持續很長的時間。

以憤怒來替代愛，也是類似的作用，我會對所愛的人憤怒，用憤怒來取代愛的表現。

這種憤怒的感覺，是幼兒被中斷對父母親的愛的經驗。在日後相似的情況下，人會再次體驗到早年的經歷，這種經歷更會削減他的力量。

第三種憤怒

當我冤枉了某人，但我又不想承認我的行爲，我便會對那個人生氣。

我就是用憤怒抗拒自己行爲的後果，而讓他人來承擔我的罪惡感。

我用憤怒代替了自己的行動，而使得自己不作行動。

這種憤怒便令我癱瘓，使我變虛弱。

第四種憤怒

某人給予我太多，使我無法報答，這是難以容忍的，我會帶著憤怒抗拒他的施予。

這種憤怒是以責備的方式表現出來，例如子女對父母表示憤怒，憤怒便代替了接受和感激，也取代了自己的行動，這種憤怒使人癱瘓和空虛；或者也會以意氣消沉和憂鬱表示他的憤怒，用以取代接受、感激和給予。

憤怒也會在分離之後以長期持續的的哀傷方式去表現，尤其是對某個死去或是離去了的人，假如我依舊欠他一份接受和感激，或是無法承認自己的過錯及其後果的話，就會表達出這樣的憤怒。

第五種憤怒

有些人的憤怒是從別人那兒，或是爲了別人而承受來的，例如在團體中，有個成員抑壓自己的憤怒，久而久之，團體中另一個成員（通常是最軟弱的那一個）他會毫無理由地生氣。

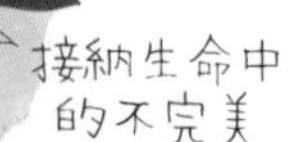

在家庭內最弱小的成員是孩子，例如母親壓抑對父親的憤怒，其中一個孩子便會從母親那裡承接到憤怒，而對父親生氣。

在一個團體中或是家庭中最弱小的成員，不但經常會承接到憤怒，而且也經常會成爲憤怒的目標，例如下屬對上司生氣，但他卻將憤怒壓抑，發洩到更加軟弱的同事身上；或者男人對女人生氣，卻將怒氣壓抑，然後把憤怒發洩在孩子身上。

憤怒的對象通常不只是由一個人轉移到另一個人身上，例如由母親轉移到孩子，而且也是沿著一個方向，由強者轉到弱者身上，所以，縱使女兒從母親那兒承接了對父親的憤怒，她也不會發洩在父親身上，卻是會發洩在一個讓她感到安全的人身上，例如她的丈夫。

在團體中較弱的成員，通常會成爲這種假想憤怒的代罪羔羊，而不是那些原先預期中較爲強勢的人，例如輔導者或是團體的領導者。那些承接別人怒氣的人，都具有一種憤怒的特質，而且都感到自豪而正當，但他們只不過以別人的力量和正當性在行動，這只會造成失敗和軟弱。而那些受到承接的憤怒的受害者，也會在他們理直氣壯、義憤填膺之下而感到強壯有力，但事實上，他還是軟弱的，而他的受苦也是沒有意義的。

第六種憤怒

有一種憤怒，那是德行，也是能力，警醒的、專注的執行力和危機感，勇敢且清楚地面對困難和強權。但是那不是情緒作用。

必要的時候，他們也會傷害別人，卻不是因為害怕或是出於惡意，而是長期訓練和實踐的結果，但對於那些有此能力的人來說，卻是輕而易舉的。

家庭系統排列工作坊

駱駝、獅子、小孩——生命成長三向度

駱駝：童話、依靠、吸收、是

駱駝是幼蟲，駱駝是一個囤積者。駱駝能夠吸收過去，但是他無法使用它。駱駝狀態是吸收的狀態。駱駝不知道如何說「不」，駱駝不知道眞正在發生什麼，他只是繼續說「是」，因爲那是他唯一被教的字。服從、相信，這些是駱駝階段的特性。獨立唯有透過「不」的門才能夠進入；透過「是」的門只能夠依靠。所以在這個駱駝的階段只有依靠和無助。別人比你自己的存在更重要，除了你之外，每一個人都重要；別人是重要的，而你還沒有眞正誕生，這是一個非常無意識的狀態。在駱駝的階段，你就好象一隻鸚鵡，你只是記憶，一直在重複別人所說的話，其他沒有，你的整個生命是由別人給你的信念所組成的。駱駝反對任何新的東西，不論它是什麼，他們會將他們的反對合理化。

獅子：思辯、獨立、叛逆、不

獅子是一個反對駱駝的「反應」和「叛逆」。現在個人發現他自己內在的光，以此作爲所有眞實價值的最終來源。他開始覺知到開發他自己內在的創造力，開發隱藏在他最內在的潛力是他最首要的職責。有一些人保持陷住在獅子的階段，他們繼續怒吼又怒吼，因而在他們的怒吼當中變得精疲力竭。獅子的狀態具有這些特性，獨立、說不，不服從、反對別人、反抗權威、反對教條、反對經典。獅子反對每一樣東西！他想要粉碎每一樣東西，而創造出一個嶄新的世界，創造出一個比較接近內心所欲求的世界。在他的頭腦裡有偉大的夢想和烏托邦。「不相信」就是他的特性；懷疑就是他的特性。大多數人都陷住在駱駝的階段，有少數人陷住在獅子的階段。這個大多數人就是一般的大眾，這個少數人就是那些知識分子。藝術家、詩人、畫家、音樂家、思想家、哲學家、革命家，他們都陷住在第二階段，他們遠比駱駝來得好，但是目標尚未完成，他們尚未回到家。

小孩：現實、回歸、實證、整體、在

小孩是……難以形容的，無法定義的……他是一個奧祕、一個奇跡。駱駝有記憶，獅子有豐富的知識，而小孩有智慧。駱駝可能是基督徒、印度教教徒、佛教徒、有神論者，獅子是無神論者，而小孩是具有宗教性的，他既非有神論者，亦非無神論者；既非印度教教徒、佛教徒或基督徒，只是一個單純的宗教性，只是具有愛和天真的品質。駱駝所關心的是「量」，獅子所關心的是「質」，而小孩超越了這個二分性，他既不關心質，也不關心量，他超越了所有的二分性。小孩沒有他自己的語言。天真是無語的，因此，基於需要，小孩必須以獅子的語言來談論，那是他所能夠用來表達他自己最接近的語言。

第一種狀態屬於痛苦，第三種狀態屬於喜樂，而在這兩者之間是獅子的狀態，它有時候痛苦，有時候快樂。駱駝生活在過去，獅子生活在未來，而小孩生活在現在，此時此地。駱駝是在頭腦之前，獅子是頭腦（mind），而小孩是頭腦之後；駱駝是「自我之前」，獅子是「自我」，而小孩是「自我之後」，那就是「沒有頭腦的狀態」的意思。

那個對駱駝的害怕完全消失，而且獅子的怒吼也停止，那麼值得歌頌的小孩才會誕生。喜樂並不是某種由外面給予的東西，它是從你裡面成長出來的一個洞見。在天真當中，一個人會瞭解到既沒有依賴，也沒有獨立，存在是相互依賴，一切萬物都相互依賴，一切萬物都是一個整體。那個整體的觀念誕生了，沒有我、沒有你，沒有固定在「是」或「不」。不一直執著於說「是」，也不一直執著於說「不」；更多的彈性、更多的自發性；既非服從，亦非不服從，而是自然反應。自然反應誕生了。

一個人對存在自然反應，而不是由過去來作固定式的反應，也不是由未來來作固定式的反應。當你超越了兩者，當你不再是一個隻說「是」或是一個隻說「不」的人；當你不再執著於有神論或無神論；當你既不是傳統的，也不是反傳統的；當你對所有這些概念都具有天真的無知；當你的鏡子完全乾淨，沒有一點灰塵在上面；當你對駱駝或獅子都不覺得有任何認同，你既不是一個反動分子，也不是一個革命分子，你只是在那裡，你只是一面靜止的鏡子，那麼你就會知道容器和內容物是在一起的。

唯有當你非常混亂，你才會成長。當你瞭解到繼續保持你，本來的存在沒有意義，你就會開始成長得更高，你就會，開始找尋更高的頂峰，或許你可以從那裡得到一個更偉大的看法。

破繭而出

我們生來便攜帶著所有愛的能量與生命力，它們足以使我們擁有滋養而豐富多彩的人生。但在成長的過程中，我們被加諸那麼多的束縛和限制，而絕大多數都是在我們童年的時候，被深深地壓在我們的無意識中。那些覺得自己不夠好，沒有資格，需要爲別人的情緒負責，那些無數的應該⋯⋯一層又一層地制約著我們，這些有毒的信念被植入得那麼深，以至你竟跟它認同了，你以爲那就是你，是你的一部分。不！你出生的時候並沒有這些制約，如果你不是一顆美好的種子，你不可能降生在這個世界。

在這裡，你會那麼清晰地看清楚所有令你窒息和無力的根源，那些慣性和模式，而那些，本不屬於你。你會學會拋棄那些有毒的制約，也能掌握一些化解固有的思維模式的方法，正是這些思維模式讓人一次又一次地犯同樣的錯誤。

你更會重新發現這個美好純眞的你，連接生命中最眞，最美的力量。你不需要成爲別人的樣子，你的存在是爲了成就最美的你。你會發現，喜悅和自由是你的本質。

放下「我」

人一生總是大有太多煩惱疊起，多者懊惱連連，少者也苦惱不斷。究其原因，是「誰」在煩惱？爲什麼會煩惱？……在我看來，一切跟「你」有關：你放不下你內在的那個「我」！現在我敲打你混沌的頭腦，猛然向你震呵：放你裡面的「我」！……

你瞧你的「你」——它一生如此掙紮與辛苦，你人生中的大喜大悲或小煩小惱哪一項沒有它的參與？它象個蜘蛛網中心的蜘蛛——所有的煩惱的絲都和它有關係！你放不下你裡面的「我」——這是你在人世的一切苦厄的根源。你的身體猶如一個空瓶子，而那個「我」就被囚裝在裡面——瞧你人生的所有心靈震盪，全是它在裡面掙紮的結果。你的「我」在裡面窒息、有被禁固感——嚮往自由、想找尋太多……這正是你人生煩惱的整個根本及基本狀況。

放下你裡面的「我」，看清「我」的一切欲望、爭執，是你免於被困、盲目求生做出多餘的掙紮而補救的根本方法。由於你的瓶子太混濁，你的肉體之壁太濁厚了……你看不清那個裡面「我」的掙紮及狀態，你不知道到底是誰在掙紮煩惱，甚至你不知道自己是怎麼回事？你的「我」在你裡面越掙紮，越竄跳，越震盪……你裡面就越混沌，越混亂，越無序——你就越看不清你的「我」。你無法免於它對你的危害，因爲你看不清你那個肉體瓶子中的「我」的困厄窒息。

你一生所有的掙紮都是在求生，那個裡面的「我」因自我感窒息而求生；你一生所有的哭泣及悲痛，都是那個「我」在絕望地吶喊。你裡面的「我」如此壓抑、沉悶、想解脫——這造成了你人生中的所有煩惱與苦厄。你內在裡有深深的恐懼，你無法靜止，你無法看清你內在的基本事態。你整個捲入了迷霧，你在那裡旋轉轉圈，你裡面的「我」想沖出你的肉壁但無路可尋。好苦惱啊，這正是你裡面的「我」所發出的聲音！

你裡面有東西嗎？你向裡找尋過你嗎？那個跳躍、衝撞，想沖出的困獸是「你」嗎？事實上你從沒向裡眞正的找過你自己。你錯誤地就把「它」當成了你。事實上你是「空」的，那裡面沒有「你」。那個跳躍的傢夥正是所謂「你」的妄念及幻覺。所有的痛苦都是一種幻覺，原因是你把那個虛假當成了眞實。一切你覺得是「你的」，事實上，「你」在何處？你只是一種空的存在。如果把一個西瓜，你打開往裡面找它，你能找到它嗎？你切開西瓜的外皮裡面是它鮮紅的襄，襄是西瓜嗎？它是西瓜的一部分，一部分肯定不是那個眞正的「西瓜」，再往裡去是種子，種子是西瓜嗎？也不是吧？那西瓜在何處？在種子裡面嗎？如果你再切開種子，你會看到新鮮的仁，那個仁是西瓜嗎？……如果你依次找尋下去，你會找到什麼？你惟一只能找到一個：那就是空——什麼也找不到！事實上，先生，你的本質與大自然的一個西瓜或一棵樹或一塊石頭有什麼本質的區別呢？你頂多比它們多了一點「意識」而已，那個「意識」就是你嗎？意識是個什麼東西？事實上，一個人一生的煩惱正是來源於那一點點座落於意識深處的「意識」而已——並且你深深的認同，那個「意識」就是你！事實上，那個「意識」也不是你——「它」只是一你的一點點覺感而已。你的「覺感」怎麼能是你呢？

找不到你，就以爲你裡面那個不斷跳躍、掙紮的「意識」就是你！——這正是你苦惱的實質。那是一種幻覺，一種意識的能動性所創造的錯誤的感覺而已。尊敬的，來看清這一切的實質，來免於再作無謂的、迷茫混沌的掙紮了。不要再作無用功，要省些能量以滋養那個浪費者自己。你的本質即不是物質的，也不是非物質的——你只是一種清朗空明的存在。你只是那個夜空中清朗的明月，你是那滿天的光和照……要找找不到你，但你在。你是空，空之在。這就是你的本質。你深深地認同了你的那一點點「意識」正是你，這正是你的整個基本人生苦惱的根源。好，現在如朗月懸空高照——看清你內裡的一切……

你沒有「我」，你把你那個一點點的「意識」當成了「我」——並你把「它」變成了困獸，這正是你人生煩惱的基本因由。現在來看清這是怎麼一回事，來超越於這一切，不要再看那一些糾纏了。看清誰在煩惱，誰在喜悅，誰在悲傷，誰在痛苦……看清它們——看清你內在裡的一切一切的變化、組合及運作，免於所謂你的掙紮與痛苦。

放下你裡面的「我」，這是我這篇文章的基本聲音。放下你裡面的「我」的前提就是你得看清你裡面的「我」。爲了看清你裡面的「我」，因此你必須要向裡看——這正是一切禪觀所教導你的修行方法了：觀照。事實上，觀照是有用的，但運用頭腦的深入的觀照更有用。運用頭腦的深入的觀照便是你的本性的開悟。開悟是最本髓的觀照。開悟是最終的觀照，是朗月照耀整個天宇的觀照。因爲那最後一次照耀看見了整個空。而非物——當你看見非物的時候，你也就看見了物。因此，只有你開悟後你才能眞正看見「我」並放下我。因爲你不眞正「看見」你無法眞正放下「我」……先生們，即使你不能看到我所說的一切，但請確信——你人生的痛苦是千眞萬確的幻覺而非你所堅持的這是千眞萬確的眞實！因爲在這個眞相中，連「你」都是空的，何來你的煩惱是眞的？不要認同煩惱，煩惱將不存在！

向裡看，請看清你裡面的「我」而放下你的「我」。如果你的「我」在掙紮在苦惱，請你看清它，不要再認同它並讓你自己盲目地受動受害。你的一生中的所有煩惱都是那個「我」的掙紮與衝突……請看清它，超越它，免於它對你的傷害。這是我對諸位的基本要求，請向裡看，看清你的那個「我」，免於你在內在的迷叢中掙紮煩惱……

蛻變——愛與喜悅之旅

我們和別人之間都有未完成的事件，未了情，或不完整的經歷，只要這些事件或者經歷存在，我們就無法放開它們。他們繼續會像鬼魅般出現在我們的腦海中，浪費我們的精力。

更糟糕的是，那些最影響你的，通常被壓在無意識中，平時的你並不覺察。但它們令我們無法全身心地接受新的人、事、物，只是活在過去的陰影當中卻不自知。也許你曾經被人傷害過，因爲沒有很好的處理過，你帶著一份受害的感覺生活，很容易又爲自己創造一次次受害者的命運。

只有你和某些人的經歷完整了，你才能輕易地和過去說再見。要是你不完整，要是你讓未完成的事件繼續存在，或者你有什麼遺憾，那麼，等待你的，將是無窮的憂傷。我們所有不完整的經歷會積累在一起，最終成爲沉重的負擔。

透過靜心，會幫助你發現潛藏在你身上的那麼多的未完成事件，讓我們學習如何把它們放下，超越它們，你會覺得從未有過的輕鬆和自由。

放下過去就是在當下爲未來打開一扇門

1. 假使你照顧好你的需要，全世界會竭盡所能，給你所需要的東西。
2. 執著就是你認爲你需要的。
3. 所有的痛苦均來自執著。
4. 如果你能放下，更好的事會發生，而這樁好事，可能就是你放下的事物更高的層次出現。
5. 這世間美好的事物中，很多都與放下有關。
6. 假使你的生命被卡住或障礙不前，檢查看看，你究竟害怕放下的是什麼。
7. 放下即是順道而行。
8. 每個期望是你迫求生命，按某種型式符合你的需求。
9. 對於你的需要，你將急迫地追尋，事實上，是悄悄地將它推遠了。
10. 如果你對迫求不做正確反應，你又如何要求任何人或事，對你的迫求做正確的反應。
11. 所謂放下就是讓能量來統治整個世界（宇宙），而不是試著指定自己作主宰。
12. 所謂放下並不是放棄，而是著眼於當下的觀點。
13. 放下就是雙手空空地站著，帶著信任來讓宇宙爲你作功。
14. 你試圖奴役宇宙的力量來爲你的幸福計畫做工，就不叫放下，而你這樣的計畫又成功了多少？

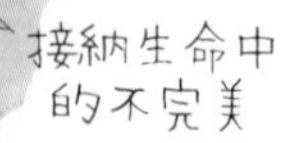

15. 放下會讓你得到啟示。
16. 放下就是一種看似矛盾的助力。
17. 獨立的人們要拯救他們的人際關係，並昇華至一種夥伴關係的方法就是放下。
18. 你越是抓的緊的東西，你就是把它推的越遠。
19. 你內在的執著，都是來自於過去不曾滿足的需要，所造成的痛苦。
20. 痛苦是來自你不曾滿足需要，希望人們按照你的方式去做事。
21. 放下就是前進最快速的方法。
22. 放下使你得回生命。
23. 放下並非重複投資於過去的失敗上。
24. 放下使你瞭解你的幸福是來自於內在而非外在。
25. 放下會給予你所缺乏的。
26. 放下是一種型式的給予，並且終於使你能接受。
27. 放下過去就是在當下為未來開一扇門。
28. 放下不會給予你所想要的東西，可是它會給予你真正需要的東西。
29. 分析至最後，需要是你認為你需要，如果你認為你不需要它，那它將不會成為你的必需品。
30. 所有的痛苦皆是未實現的需要。

生命從錯誤開始，
成長從改變開始

生命從錯誤開始，成長從改變開始

恐懼是人類成長的最大障礙，追根求底，人類只有兩大恐懼：恐懼自己不夠完美，恐懼不被人接納。在此基礎上產生三大課題：缺乏價值感，害怕被遺棄、害怕被背叛，並由此形成生命中本能地逃避恐懼的習性模式。所有的課題都是由心靈中古老的創傷造成的，《眞我中心學》的使命就在於幫助人們療愈古老的創傷、轉化負面的課題影響，消除恐懼感，最終認識眞正的自我，活出快樂安詳、充滿力量、喜悅自在、充滿智慧、充滿愛的人生。

人對現狀的不滿意，是由行爲的造成，行爲由思想決定、思想由信念決定，所以要改良現狀、必須改良行爲，改良行爲必須改良思想、改良思想必須改變信念。

信念是人在成長的過程中，在「印刻效應」的作用下，每個人對自己親身經歷中遇到的人和事產生的快樂和痛苦的體驗累積，形成對自然、社會、人和事，在類似瞎子摸象過程中形成的結石化的認識和感受，每個人對自己的信念都深信不疑，因爲一切都來自其看到的、聽到的、感受到的「眞的」事實和事件，所以每個人都只願意接受別人的改變，而拒絕改變自己。

人類的一切就是這樣從錯誤開始的，在把一片樹葉當成大樹的認識中成長，直到陷於毀滅和災難，方可能如夢方醒，這也就是爲什麼不經歷大災大難不可能有大徹大悟的原因。所以人一生都在學習中，始終要在大量的學習、快速的學習、全方位的學習中改進和改善自我，通過獲取大量的資訊來沖洗心靈深處的錯誤信念，改變從學習開始，在學習中學習、在實踐中學習、在向老師學習中學習、在傳授和傳播中學習。

生命的圓滿從放下一切需求和恐懼開始、從有能力幫助別人開始、從有能力這社會作出貢獻開始、從有能力給予他人無條件的愛開始。

這就是神奇的《眞我中心學》，在此人們都能感受到人類文化和思想的光芒，治癒心靈古老的創傷，在創造中重塑生命，創造出全新的自我，在回歸眞愛和智慧中爲生命找到歸宿、爲人生找到快樂、爲事業找到目標。

什麼是有意識的生活

活躍而非被動的大腦。

從自身作用中體驗喜悅的才智。

既把握「現在」，也能統攝全局。

勇敢出擊面對而非逃避事實。

注意區分事實、解釋和情感。

注意並正視自我，回避、否認痛苦或危險現實的衝動。

關注與我各種目標和計畫（個人的和職業的）相關的「現在的我」，以及成與敗。

關注我的行爲與目標是否一致。

從環境中搜尋回饋，以便需要時調整或修正我前進的方向。

克服困難，堅持探索。

樂意接受新知識和重新審視既往假設。

樂意發現並改正錯誤。

永遠尋求擴展洞察力，將追求知識以及追求成長當作生活方式。

注意理解周圍的世界。

注意理解外部現實和內部現實，即自我需求、情感、渴望、動機，這樣我就不是自我的陌路人和神祕客了。

注意瞭解推動和指導我行動的價值觀及其根源，這樣，我不再受盲目採納的或不加辨析從他人借鑒的價值觀的驅使。

覺醒地生活

當整個世界都在試圖解決問題，你周圍的每一個人都在致力於解決問題，而你卻不是。當你周圍的每一個人都想要弄明白，想要到達什麼地方，想要變得有價值，而你卻不是。當每一個人都認爲，覺醒是一件壯觀的、高貴的、環繞光暈的事，而對你來說，它不是這樣。當每一個人都在從此刻的生活出發，想要奔跑到什麼地方，而你卻不是。當每一個人都在和其他人——大多數時候是和所有人——爭論，他們一開始是和自己爭論，而你卻不是。當每一個人都如此肯定，如果有什麼變得和現在不一樣了，幸福就會降臨，而你知道，並非如此。當每一個人都期待著達成並保持完美的狀態，而你卻不是。

當你周圍的每一個人對多樣性的世界有著一整套的理論和信念，而你卻不是。每一個人都在路上，想要到達什麼地方；而你並不是在到達任何地方。每一個人都在爬山；而你卻在山腳下賣靴子和鶴嘴鋤，但願他們下山時，他們會累得再也爬不動山了。當每一個人都在尋找下一本書、下一個老師、下一個古魯來告訴他什麼是眞的、給他可以打開覺醒之道的祕鑰，而你卻不是。你沒有什麼鑰匙，因爲你沒有什麼要打開的鎖。

當你以覺醒的方式活出眞正的你，只是做你一直是的你，你實際上就會變得非常簡單。你會閑坐一邊，奇怪有什麼好忙亂的。當每一個人都坐下來，說：「我希望我也可以這樣」時，你記起你也曾經如此。你記起自己當初未曾找到解決之道的情形。你記得，一個問題造成了這一切的整個觀念。當你做眞正的你，當你過著覺醒的生活，你就無需去原諒任何人，因爲你心中沒有怨恨，一點兒都沒有。

你存在的眞相並不渴望幸福；它實際上並不如此在意。它並不渴望愛，不是因爲你心中充滿了愛，而是因爲它只是不渴望愛。它非常簡單。它並不想爲人所知、受人重視或被人理解。當你以覺醒的方式活出眞正的你時，你不再有理想。你已經步出了整個痛苦和成爲的迴圈；你不再感興趣。

你發現你對自己的生活感到好奇。你找到你自己……在你所在之處。不是我所在之處，而是你所在之處。是你眞正的所在之處。是我們眞正的所在之處。這是一個有趣的地方（尤其一開始的時候），如果你不受任何事物的驅策——快樂或不快，幫助或傷害，愛或恨。唯一動得了你的（我並非故意要把它說得太過詩意），也同樣動得了掛在樹上的一片葉子。只是因爲風就是這樣吹的。因此你總是知道該怎麼做：風就是這樣吹的，你也是這樣行事的。你不再問問題。你不去評價風爲什麼會這樣吹，因爲你知道自己不知道。而且你知道自己無法知道爲什麼。從來不曾有一片葉子知道，爲什麼在那一天、那一刻風會那樣吹。風改變你生活的方向，從這一刻到下一刻，只是因爲生活本來如此。當你以你覺醒的自我生活時，你就不會去爭論生活變動的方式，因爲這同樣是你的方式。

你們很多人知道我是在說什麼。大道（thetruth）從來不會解釋，它爲什麼在這個片刻會這樣運行。如果你問，它什麼也不會告訴你。就像一片葉子問風：「你為什麼會在此刻這樣吹？」這樣的問題對風來說沒有任何意義。

但你不再會去爭論大道運行的方式——無論是哪一種方式。你不再和大道爭論。你不再想要弄明白大道是怎麼回事。聖母瑪麗亞未曾弄明白。佛陀未曾弄明白。拉瑪那未曾弄明白。他們沒有一個弄明白過。他們只是成為那（That）。簡單。普通——就像一片葉子是普通的一樣。

當你以覺醒的方式生活，以覺醒的方式存在，任何層面的力量對你而言就會變得不重要。它並不有趣。控制另一個人的力量並不有趣。智能的力量並不有趣。控制你自己的力量並不有趣。人們想要給你的權力對你而言並不有趣——並不是因為它不應該如此，而是因為它本來如此。你想要用它做什麼呢？你知道它對你來說沒有什麼用處。你明白，在你存在的真相中，你就是整體本身，但你對用這種知識做任何事不感興趣。

最後，你明白，你真的不想改變任何人，不是因為你不應該想去改變他們，而只是因為你不想。你也許不想和所有人在一起，但你還是不想改變他們。這並不是一種理想——而是所有理想的終結。它並不是神聖；而是神聖的終結。它是完整的開始。它並不是要達成什麼，因為這是無法達成的。它只是你存在的真相。它只是本來如是。你無法達成自然就是如此的。沒有誰能告訴你，什麼時候、為什麼或到什麼程度，你會放下幻象；你會放下，在你放下的時候，通常是在什麼都不起作用的時候。

當你以醒來的方式生活，以真正的你存在時，你會是獨自一人，而你最終會對此感到安然。你獨自一人，但你一點兒也不孤獨，因爲唯一一個在你所在之處與你相遇的人——唯一一個能在你所在之處與你全然相遇的人——就是你自己。沒有誰能在你所在之處與你全然相遇——也許百分之九十，也許百分之九十五。除了你之外，沒有人能完全與你相遇。當你最後與自己相遇，你就不需要其他任何人爲你而與你相遇。那時，你會是獨自一人，比你所能想像的更加隔絕。而奇怪的是——極其奇怪——你感覺更加相連了，更加親密了，感覺和一切更加一體了。更加。而且你從未曾想到過，兩者可以以任何方式在一起：完全的分開和完全的一體。你從未曾料到幻象結束的方式。但它確實會結束，而且總是如此。

最後，當你只是以眞正的你的覺醒的方式生活時，你就再也不會去營造幻象。甚至當它正在發生時，你也不會去營造幻象，因爲你會知道，它們全都是幻象、塵埃。它昨天的樣子不會是它今天的樣子。

超越關係

人應該過上超越的生活。人都應該來到靈魂的層次上。人一直處在聯繫之中。人一生下就掉入了關係中。但掉入重重又種種的關係並非是壞事。關係並非總是纏繞。關係能創造美。

自由與關係有關，但並非是解脫於關係，而是超越關係。有很多在紅塵中生活的很煩惱失敗的人——有一些就遁入了空門，或出家當了和尚或削髮為尼，或加入某種教會組織，事實上，他們是想解脫於某種或某些關係。以為離開了他們原來的生活就離開了那些關係。

但他們能離開外在的關係，卻無法離開內在的關係。他們走的其實是一種壓抑的方法，是在壓自己內心的願望，壓，壓，直至把自己的心壓死。他們沒有走超越之路。

其實最美的方法是超越，走超越之路——在那些關係之中，但在那些關係之上。

你想獲得眞正的靈魂的自由，並不是你解脫於所有的關係，而是超越於那些關係。

超越關係並非向外走，不是遠離；而是向內去，是更加的親近。是藉著親近而走上超越之路。你越往上走，那個關係不是顯得越遠，而越親密。

在身體的層次上，你與某人最近的關係是「親愛的」，但當你來到靈魂層次上時，你與某人關係是「親密的」才可實現。一個人與他人的親密度越大他就越不受限於關係。

一個人越與別人無親密感，他越在被關係所制約。所

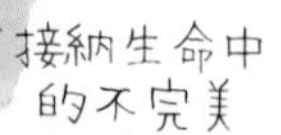

以，眞正解脫於關係的路是超越之路，是藉著能與人親密而不再受於關係之累。能與發生親密關係不是種技能，而是種本能的開花。

大部分人走的是壓抑本能，不讓本能開花，讓本能繼續保持種子——之路；而我宣導的路則是讓本能開花，你不是盲目的壓抑，而明白地觀走，明白的走觀。

壓抑是在走死亡之路，只有走解放之路才是生命之路。即使對於你的本能，也不能是閉上眼的硬按死它，而是你觀它走，它走你觀的方法。對於關係，你越想掙脫於它你就越受限於它。在關係中，你越往外走，你就越感到它的拉力。你只有一個方法讓自己能獲得籠中的自由，那就是你往裡去，往籠子的中心去。因爲這樣你才能免於被困的自由。

不要自由將來自由，要自由者失去自由。在超越關係之路，這是個重要的課題。來達成你對關係的本質認識，請在關係中自由。在關係中，你要求一部分，你將失去另一部分。惟一保持不丟失的方法就是不再要求什麼。你所有的受限與苦惱都來自于你的向外部的要，如果你不再向外要什麼了，如果你是無要求的，那麼你就是無所不自由的。

你可以接受某種東西，但不是要求。那個東西來了，你就接受。不來，就讓它不來。如果你能持這種態度，那麼就沒有什麼人用什麼方法來限制於你了。當沒有力發生在你身上時，你就是最爲平衡的。任何時你給予力你都將得到力。惟一免於力之苦的辦法就是你自己不再製造力了。

而超越之路，也是一種在走無力之路——讓力消失之路。

事實上沒有人能眞正超越關係。超越關係並非跳出關係。超越關係是在關係中自由。你不是掙紮——在從那個蜘蛛網中飛出，而是學會如何安於那個蜘蛛網中而悠然自得。

所有的解脫之道並非是脫離之道，恰是一種接受之道、受納之道。整個超越並非是向上，處上，而是向內，處下。超越關係正是那個向關係網內走而非向外走，處在關係之下而非之上。

有個基本事實與現象就是：如果你的身體或外在處在他人之上，那麼你的整個心理或內在就處在他人之下。控制局面者反被局面所控制。惟一你不被控制的方法就是不去控制。當你沒有那個控制的想法時，控制眞正消失。如果那個控制的意念一產生，那你的內在就已經被控制了。

所有的目的引發控制。所以擺脫於控制與被控制的方法就是擺拋開強烈的目的性。當目的喪失，享受開始。只要目的一在，享受的可能就在下降至消失。所有整個超越之路的基本事實是：負空而行，而不是載物而行；向下之行，而不是向上飛行。如果你陷入了人際關係之叢，你必須來超越你那個網叢之困，但超越的方法並非遠離或逃避，恰是面對與進入。

當風言風語蕩起，你惟一使那個風言風語消失的最快方法就是你直接進入那個風言風語之中，或者你置之不理。你不能與他們戰鬥，戰鬥引發更大的戰鬥。你惟一免於自己痛苦的方法是放棄與別人持續戰鬥。用愛化解矛盾問題則消失，用恨制止矛盾則問題繁殖。

你不能用一個更大的威脅來壓倒一個較小的威脅，你只

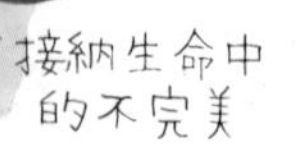

能用更大的愛來收納更小的愛。整個對付關係基本方法就是愛的方法。整個超越關係的基本之路就是愛的道路。

任何恨將製造更大的恨。而一個很小的愛將能引來很大的愛。來瞭解這些基本的存在事實，免於自我的能量無端消耗。

來超越關係——走上正確的道路。

來過上超越的生活，走在愛的道路上。放鬆是你的眞實狀態。緊張說明你走在了錯誤的路上。來覺知自己的眞知，在關係網中悠閒蕩秋千，跟隨那個網，那個秋千蕩漾，與那個網或秋千成爲一體而非從它之體下解脫下來。讓死亡不存在的惟一方法就是融入生命。

一滴水不死的路便是朝向大海。如果一滴水跳入大海便是永生，如果它跳出海面飛向天空則死亡在即。你如果在人際關係中受累，不要想著遠離群人——你不能討厭整個人類，你不能一個人與整體戰鬥，你惟一征服他人的方法就是來臣服他人。

臣服之法便是征服之法。你只有騎上那匹劣馬身上並與之保持「一」體「一」性，你才可能眞正駕馭它，你在馬身之外硬拽韁繩或抽打無用。

沒有人能眞正抽打一個人的身體而折服他的心，相反那個身體越服那個心就會越不服——來瞭解這些基本的事實，免於自我在網叢中受累。

來過上超越的生活，走在愛的道路上——這是我在這個美好的春天給你的祝福及期望。

知識和智慧

頭腦生產出來的產品叫知識，而心生產出來的產品叫智慧。知識是具體的、實在的東西；而智慧是無形的、發光的東西。

從老師那裡，你學習的是知識；而從大師那裡，你學到的是智慧。知識和智慧未必成正比，知識多的人未必智慧多，而智慧多的人一般知識多。

知識是屬於頭腦的，而智慧是屬於心的。知識容易學到，而智慧則較難。有了很多的知識未必能轉化成智慧，但有了智慧則很容易得到那些知識。

知識都有頭腦所理解的規律，智慧似乎沒有規律。但實際上，智慧也有智慧的規律——只是頭腦無法理解罷了。

頭腦和心常常是抑制的。要是頭腦占上風，則心一般就是下風；要是心占了上風，則頭腦則處在下風。頭腦和心有時發生爭執——不一般的是心不理頭腦，但如果心要認眞一點，頭腦是決定不了心的。心比頭腦對一個人忠誠。如果你「心」裡想做什麼事，無論頭腦如何來說教或說服都沒有，心會以不變應萬變的來主宰你和決定你。

智慧是直覺的，以靈感具體體現。但智慧是無形，書上沒有教智慧的，只有教智慧的心。書，只是知識的載體，不是智慧的載體。你在任何一本書上也見不到智慧。智慧惟有通過你而發生。知識是頭腦的食物，也是頭腦的原料。而心的食物是畫圖、音樂、感情。心的原料不只是知識——所有存在都是心的原料。

知識的運動形式是邏輯，而智慧的運動形式是非邏輯。知識是硬的，智慧是軟的。知識力圖見證美的和諧，而智慧則時時表現和諧的美。智慧是藝術的，則知識理性的。

物質的教授有的是知識，但未必有智慧；而神祕家有的是智慧，但通常知識也不少。物質的教授們研究的是世界，是人以外的客體，所以生出了知識。而神祕家們研究的是人，是客體以外的主體，生出的是智慧。所以研究主體的人多產生智慧，而研究客體的人多產生知識。

放棄邏輯你會發現新的邏輯。放棄頭腦，你會見心。心有心的邏輯，正如頭腦有頭腦的邏輯一樣。只是頭腦無法理解心的邏輯——你無法用頭腦的邏輯來求證心的邏輯，惟一弄明白心的邏輯的方法是放棄頭腦的邏輯。只有放棄邏輯你才能發現邏輯。頭腦有頭腦的邏輯，心有心的邏輯。

當有一天，我意識這點時，我開始開發心的功能。我放棄了頭腦。——我寫文章就是證據。我的文章不再按照頭腦的邏輯來寫，只聽心的——按心的邏輯去寫。我放棄了頭腦關於寫文章的結構，讓心自己組織它的結構。當頭腦不再起作用，心開始生產智慧。

放棄頭腦意味著放棄舊有的知識。接受心意味著非邏輯。放棄頭腦意味著放棄僵化和刻板，接受心意味著接受柔和與活化。頭腦是板結的土地，而心是鬆軟的土壤。頭腦上面適合搞建築，而心上面適合種花草。心是有生機的，而頭腦是力量的。心是柔和的，而頭腦是衝擊的。頭腦適合長久居住，而心只長時遊玩。頭腦是客廳，心是臥室。頭腦是樓房，心是地下室。頭腦裡居住的是科學家，而心中居住的則往往是藝術家或詩人。

從頭腦裡要知識，得象擠牛奶，得用點力；而從心裡面要智慧，則象從豐富的地下掘山泉。牛奶不用點力不會有，而地下的泉只要你找對地方掘個口就會自然流淌。

尋找智慧的唯一根源是要放棄頭腦而尋求心。而獲得知識，你用心也能得到很多。在這個世界上，絕大多數人都在用頭腦活著，很少用心的。因爲用心的少，所以有知識的多，而有智慧的不多。

頭腦是個裁判，而心往往是個運動員。頭腦往往只在一邊看，而不全投入活動本身；心不一樣，心要活動就全然成爲活動，它在活動中用心。而頭腦是一邊活動一邊觀察。所以頭腦來的客觀，但不如心來的豐富。實際上，人的存在並不排斥心或頭腦，不是非此卽彼，非彼卽此的。頭腦和心能相容，而且相容是最好的辦法。但很少有人能做的完全美。做的完全的人都是些成功寵兒——這就是爲什麼有的科學家都在某種藝術也走的很遠，如達芬奇先生。

頭腦和心是身體的兩個極。大部分人都是從頭腦開始發端，有覺悟的人可能突然意識到這點，便開始由頭腦向心遊移，但在這個開始也是不平衡的——他仍然是從一個極跑到另一個極上去，卽有頭腦極到心的極上去了。仍然未完成功。我現在就處在這個狀態下。眞正的成熟是頭腦和心的和諧。當意識在喉部時——到達頭腦與心的中點時——你才能知道如何和什麼時候「開口」才叫完美。喉部是個關卡和生命重要的通道，這個地方有智慧和知識相逢慶祝的房間。你的神只有到達那兒時，你才能叫作完美。你才知道什麼時候該開放自己，和如何開放自己。

頭腦有一整套語言體系，就是現在我們所經常使用的語言體系。而心另有一套，我想那是「象徵」的語言體系。我們通常都習慣了普通的語言，但很少懂的心——象徵的語言。那些通曉心的象徵語言的人都是些能看懂智慧的人。我是個孤陋寡聞的人，對中國現代的一些名人知之很少，不知道誰是有知識的，但知道誰是有智慧的。比方，就我所知道的當代心理學家裡面，有知識的肯定不少，但智慧的可能不多，但我覺得朱建軍先生可能算一個。因爲他懂象徵的語言，能看到和看懂智慧。而其他的人可能只見得知識，不見得智慧。大部分心理學家在用頭腦工作，很少數人在用心工作。極少的人物心腦和諧並用——並做到並用和諧。

用心的人充滿靈性。而頭腦的人只是充滿知識性。並不是所有的人都能從頭腦移向心——有人有意識地或很努力地移也沒用。從頭腦向心遊移得由一種天慧的東西啟動它的動點——也許得是一種偶然的覺悟，但能獲得這種偶然覺悟或接受這個資訊本身就是一種天慧。這不是神祕的遊戲，是一種天賦的開啟吧。獲得知識只靠努力就有可能行，而要獲得智慧，努力幾乎用處不大。但要做到最後的和諧完美，必須是知識與智慧的和諧，努力與天賦的和諧。

比如，用頭腦寫文章猶如編織一樣物品，事先頭腦中得有它的圖案；而用心寫文章，則猶如跳進潛意識的大海中去撈魚捉貝——事先你根本不知道你能收穫哪些東西。但結果往往是，用頭腦的只出來那固定的東西，而用心的則出來很多。用頭腦的產生很嚴謹但枯乏，用心的似乎散亂，但豐富。這是由心的邏輯和頭腦的邏輯不同造成的。世界上每一樣東西和它的同類比較，沒有對錯，只有好孬；沒有好孬，只有差別。能理解差別的人，都是些能接受的人。能接受的人都些富有的人。

藝術的創造不知道從哪兒開始，也不知道從哪兒結束——但一切都聽心的，心叫何時開始就何時開始，心讓何時止就何時止。心似乎沒有時間概念，只有空間概念。而頭腦似乎相反，它只有時間概念，而沒有空間概念。心是橫向的，頭腦是縱向的。當把你的兩隻胳膊伸起，它們和頭腦構成了一個「十」字架——頭腦是縱向維度的，心則是橫向維度的。橫向維度的造就藝術，縱向維度的造就科學。橫向的是空間，縱向的是時間。宇宙是時空的——既是時間的也是空間的，所以宇宙裡既充滿了知識又佈滿了智慧，宇宙成爲宇宙。

其實人體也是個小宇宙——你必須開發你的時間性和空間性。讓你的心和腦和諧運行。

太用腦的，讓你的頭腦休息一下，讓心出來周遊一番；太用心的，讓你的心潛伏一會，讓頭腦來操練一下——當然，你很難做到，讓它倆和諧與平衡。但如果不能你聽誰的？心的？頭腦的？我的建議，你想獲得智慧，就全然聽心的，如果你得到知識，就一般聽頭腦的。

笑

每當你坐著沒事時，只是放鬆你的下顎，稍微地張開嘴。開始用口呼吸但不要很深。只是讓身體呼吸，於是它會很淺，越來越淺。而當你感覺呼吸已經變得非常淺時，嘴是張開的，下顎是放鬆的，你的整個身體會感覺非常放鬆。

這時，開始感覺微笑——不是在臉上而是你整個內在。它不是嘴唇上的微笑——它是在裡面散開的存在的微笑。

沒有必要在臉上用嘴唇微笑——而是就像你在從腹部微笑，腹部在微笑。而這是一個微笑，不是大笑，所以它是非常柔和的，微妙的，易碎的，像一朵玫瑰花開在腹部裡而芳香散開到整個身體。

一旦你知道這個微笑，你就能二十四小時都保持愉快。而每當你感覺正失去這個愉快時，只要閉上雙眼，重新抓住它，而它會在那裡。在白天，無論你想要多少次你都可以抓住它。它總是在那裡。

生活美學

美感訓練並不難，有質感、有品位的生活並不貴、並不遠。希望忙亂步調下的現代人，習得如何放慢生活步調、舒緩生活壓力，從最平易的生活面來伸展感知的觸角，尋得情感的釋放和心靈的平靜。

天地如何有大美

莊子說「天地有大美而不言」，美在自然，在日用常行。

一、食之美：現代生活的快節奏與功利化，已把「吃」的「品味」變成了「喂飽」的「行爲」。我們在現代生活中，延續吃的文化、體驗吃的藝術、感受酸甜苦辣的豐美人生的途徑，從而料理一道生命的菜肴。

二、衣之美：將衣飾的物質層面（質地）、情感層面（心靈的感觸）、文化層面（服裝美學）完美地結合起來，啟發我們開創獨特的服飾文化。

三、住之美：房子不等於家，家有情感，有記憶，社區、城鎮亦複如此。內地的城市建設正在大規模消滅民眾的記憶，尤有警示作用。

四、行之美：好比昆德拉的《慢》，探討速度的美學，歸根結底是要尋得平衡的生命。

什麼是美？

美的定義是什麼？美的範圍是什麼？

我們可以從哲學的角度去談論美的定義，也可以從藝術史切入來介紹古代埃及產生了哪些優美的藝術品，或者古代印度、中國有多美好的雕像或書法作品。如果現在不是從哲學切入，也不從藝術史切入，我想可以從一個非常好的角度，就是從「生活」切入。我特別將「生活」兩個字放在美學前面，是希望美學不要太理論，不只是在大學裡的一堂課，不只是一些學者、專家拿來做研究的題目，而希望美學，最後能眞實體現在我們的日常生活裡。

給自己一個視窗

我們希望在生活美學裡，「美」不再虛無縹緲，不再只是學者專家口中的一些理論，我們希望「美」能夠踏踏實實在我們的生活裡體現出來。

西方人常常講「景觀」，就是說你的住家有沒有View。當坐在視窗可以眺望出去的一個空間，例如可以看到河、看到山，甚至是一條漂亮的街道，行道樹綠油油的，這些都叫作「景觀」。大家可以來檢查自己的住家，看看從視窗望見的是什麼。

天空線

生活美學裡包括周遭所有存在的事物，像之前提到的鐵窗與公寓建築，是與建築藝術相關的。在一個城市的發展期，我們會發現好像到處是工地，許多許多的房子匆匆忙忙地蓋起來，如同雨後春筍。

我們知道巴黎有它自己的建築風格，倫敦、紐約也發展出建築上的特徵。有一個名詞叫作「天空線」，在紐約的曼哈頓，會有人問：

「在什麼地方看紐約的『天空線』會最美？」

「哈得遜河口那幾座大樓的剪影是最美的！」

我常常用「天空線」的觀念回過頭來審視我們自己的城市，我在想應該從哪裡來觀看我們的「天空線」。好像這個城市是從來沒有被規劃過的，它的混亂狀態可以新舊雜陳，老建築與新建築之間產生這麼多的矛盾與尷尬。

生活的美學是一種尊重，生活的美學是對過去舊有延續下來的秩序有一種尊重。

如果這種尊重消失了，人活著再富有，也會對所擁有的東西沒有安全感。我的意思是說，美應該是一種生命的從容，美應該是生命中的一種悠閒，美應該是生命的一種豁達。如果處在焦慮、不安全的狀況，美大概很難存在。

我在「生活美學」這樣的題目裡，跟大家談談的內容可能是：我們在吃什麼樣的食物？我們在穿什麼樣的衣服？我們所有的交通工具是如何去設計而和人產生情感關係的。我們的住，房子是怎樣被設計的？所謂的食、衣、住、行，不過是人活著最基本的一些條件而已。可是我們知道所有先進的國家，生活美學是實際在食、衣、住、行當中體現出來的。在歐洲一個傳統城市的居民，對食物的講究是有品位的；對服裝的講究，價格不一定貴，可是要穿出個人的風格。我們知道所有的交通工具在設計時，考慮點都是跟人的

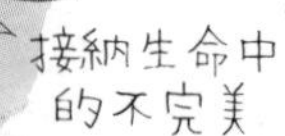

空間感有關的，所以當交通設計沒有弄好時，人在都市中就變得匆忙與擁擠。當然，更重要的還有居住的空間，所以城市的美學才會如此清楚地展現在我們面前。我們試試看把生活美學拉近到食、衣、住、行，開始實際改善這四個層次。我覺得生活的美學，好像如果你心情改變了以後，並不會覺得這樣不方便，也不認爲這種不方便剝奪了自己；相反地，你反而覺得每一天最美好的時間，是下班了以後回家的這一段渡船的經驗。可是後來因爲決定要蓋關渡橋讓交通更方便，渡船被取消不存在了，我反而很懷念那艘渡船。

我們的一生，從生到死，可以走得很快，也可以走得很慢。如果匆匆忙忙，好像從來沒有好好看過自己走過的這條路兩邊到底有什麼風景，其實是非常遺憾的。我覺得這一條路可以慢慢走得曲折一點，迂回一點，你的感覺就不一樣了。

一個城市爲了求快，就把所有的馬路都開得筆直。可是不要忘記，我們如果去國家公園或古代的園林裡，所有的路都是彎彎曲曲的。爲什麼彎曲，因爲它告訴你說，你到了這個空間不要匆忙，讓自己的步調放慢下來，可以繞走更大的圈子，因爲這是你自己的生命。你越慢，得到的越多。所以在生活美學裡所體會到的意義，會和現實當中不一樣。我們在現實當中希望一直匆匆忙忙，每天打卡、上班、賺錢，都是在匆忙的狀況中。可是我常常跟朋友提到說，我最喜歡中國古代建築的一個名稱，叫作「亭」。也許大家都有印象，爬山的時候忽然會有一個亭子，或者你走到溪流旁邊忽然會有一個亭子，你發現有亭子處就是讓你停下來的地方。

它是一個建築空間，但也是一種提醒和暗示說：

「不要再走了！因爲這邊景觀美極了。」

所以那個亭一定是可以眺望風景的地方。研究中國美術史的人都知道，宋代繪畫裡凡是畫亭子的地方，一定是景觀最好的地方，絕對不會隨便添加上去。因爲這個亭子表示說：你人生到了最美的地方，應該停一停，如果不停下來就看不到美。所以生活美學的第一課應該是：懂得停一下。

我們白天上班眞是夠忙了，可是下班以後時間是自己的，我們停下來吧！去聽一些自己要聽的東西，去看一些自己要看的東西，一個禮拜上五天班眞的也夠忙夠辛苦，壓力極大。現在不是周休二日嗎？那麼這周休二日可不可以停一下？停下來其實是回來做自己，問一下自己說：

「這兩天我想做什麼樣的事情？」

坐在河邊發呆也好，或者帶著孩子去看山上的一些樹葉，可能在天氣寒冷的時候變紅了；或者去聆聽下雨時雨水滴在水面上的聲音……套用蘇東坡《赤壁賦》的句子：

惟江上之清風，與山間之明月，耳得之而爲聲，目遇之而成色，取之無禁，用之不竭，是造物者之無盡藏也，而吾與子之所共適。

意思是說，這些大自然的美，是不用一分錢買的，你甚至可以不用去畫廊，不用去博物館，不用去趕音樂會、趕表演。

你就是回到大自然，回到生活本身，發現無所不在的美。

這就是生活美學的起點。

心文明的境界

我們擁有的物質越來越多，但滿足、感恩卻微乎其微；居住的房子越來越豪華，但家的氣氛卻越來越冰冷；交通工具越來越便捷，但生命的移動卻越來越遲緩；金錢越來越多，但心靈卻越來越貧窮；通訊越來越通達，人與人的關係卻越來越疏離；身分地位越來越大，生命的價值卻越來越渺小；學歷越來越高，生命卻越來越無知；機會越來越多，希望卻越來越渺茫。這種種的亂象，正在提醒我們認真省思，回歸心靈重建生命價值。到底什麼是現今時代，當務之急的任務呢？當我們處在充滿愛與寧靜的心靈品質，能量的震動將會創造驚人的意識淨化，伴之以提升的躍進，我們的集體心靈將會從受害與恐懼的思維中跳脫，進而創造出心文明的境界，心靈的慈善是根本的慈善！

學習和人生的五個階段

人和其他動物一樣，具有自身的本能，這種本能是天生的，是不需要學習的。比如說話、走路、睡覺、吃喝拉撒、呼吸、哭笑、喜怒、哀樂、以及趨利避害的反應等等，老天爺已經事先在其腦內設定了程式和條件，達到特定的條件與環境，這種本能就自然而然地展現出來。其原理和萬物隨四季更迭一樣自然。

我們談學習，更多的是指人類本能以外的那些能更好地體現個人和社會價值的知識、技術、經驗、思想和方法以及諸如此類的東西。而具有諷刺意味的是，據研究顯示，許多動物也和人一樣，具有學習的本能。

學習不是一個線性的過程，而是一個多階段的、反復的和複雜的系統。比如有的人在專業技術方面已經到達了爐火純青的境界，但是在日常生活中，可能還處在需要別人照顧而不能自理的水準。有的人人際關係遊刃有餘，公關手段出神入化，但是除此之外卻別無所長。有的人20多歲就已經事業有成，但是戀愛婚姻方面還是一片空白。就我們的每個個體而言，學習和成長的不同階段都是嶄新的。間接的知識經驗要是不通過我們自己的吸收、消化和行動驗證，變成自己的能力，就永遠是別人的東西。

我把學習分成五個階段，與之相對應的是職業和人生，同樣可以參考這個模式來劃分。

學習的啟蒙階段：不知道自己不知道

學過。知道和瞭解。處於這個階段的人，缺乏基本的概念和對常識的基本認知，但是相對比較單純，容易塑造，屬於初學和入門級。在這個時期，無論學習、工作還是生活，都以模仿爲最主要的學習手段。它要解決的是感知和通識層面的問題，要幫助學習者入門。在社會分工的條件下，初學者還承擔了簡單勞動和簡單技能中的執行工作。對於初入社會，新入職場，職業轉換或人生不同階段調整後的重新開始，也都可以理解爲啟蒙。初學和啟蒙絕對不僅僅是幼稚的代名詞，在成年人看來，更是心智眞正成熟的表現。突破成長的極限以後，歸零是必然的。

這一階段所犯的錯誤往往是最多的。由於初學者缺乏基本的判斷力而又盲目自信樂觀，完全一副初生牛犢像。要是沒有嚴密的保護和有效的指導，遭受打擊、失敗和夭折的幾率會非常之高。天使投資的回報率之所以非常高，也說明一家企業在成型之前的極高風險和極高淘汰率。

學習的第二階段：知道自己不知道

學會。懂得和明白。開始減少雜念，逐漸建立概念。從職業縱向的角度，進入基層向中層過渡。在某一個領域，無論人生還是事業，由於知識的累積和不斷的實踐，從入門級別進入到主管（上一級是部門經理）級別。在職業或人生的某些方面，可以運用掌握的知識、技能技巧和經驗，來解決某些常規性的問題，同時可以對初級水準進行指導和管理。學過與學會之間的距離，主要表現在技能和經驗上。前者知其然不知其所以然，而後者已經明白完整的概念。難者不會，會者不難。會也有程度之分。

學習的第三個階段：知道自己正在知道

掌握。一個人，只要掌握了某種知識，就會衍生出與之相適應的技能和技巧。這個階段，可以運用比較系統和有效的知識和方法，解決某個領域裡比較複雜的問題。但是對於一些高難度的問題，還是會感覺力不從心。

學習的第四個階段：知道自己已經知道

精通。在某個領域現有的系統和知識結構內，已經沒有什麼障礙。稱得上精通的人，可以被認爲是傑出的專家。如果一個學生高考作文可以得滿分，那麼應該可以說他已經精通了高考語文作文。獲得諾貝爾文學獎的作家，完全可以認爲他精通文學。達到「精通」境界以前的學習階段，更多是指縱向的知識和能力。但是一個社會，只有縱向的知識和能力是遠遠不夠的，我們還必須具有另外幾種知識和能力。其一是橫向的知識和能力；其二是縱橫交叉的知識能力；其三是多學科外延的邊沿新興知識和能力；其四是動態系統預測與整體整合知識和能力。

學習的第五個階段：不知道自己已經知道

融會貫通。當一個人具備了動態系統的預測知識和能力，具備了系統整合的知識和能力，就可以達到無爲而無所不爲的境界。這種境界就是融會貫通，可以感天應地，隨心所欲，直到「道」的化境和「佛」的意境。老聃、釋迦牟尼佛、耶穌、默罕默德等等這樣的人類「大老師」，就堪稱「融會貫通」的典範人物。這樣的人物，並非每個時代每個民族都會出現。

如果一個書法家，他的一筆一劃都凝聚了其人的所有精神力量和夢想追求，蘊涵了天地宇宙的無窮資訊，吸取了自然界和人類社會的巨大能量。難道他僅僅是一位書法家麼？

如果一個武術家，他可以摘葉斃命，眼神殺心，吐氣碎石，無攻而無所不攻，你能說他僅僅是武術家麼？

如果一個音樂家，他的每一個音符，每一首旋律，不僅讓人類心靈震撼，如醉如癡，可以讓人死而復生，或者生而複死，也可以讓魚蟲鳥獸翩翩起舞，讓花草樹木爲之動容，或者痛不欲生，你能說他僅僅是音樂家麼？

學習、職業和人生的五個階段，是循環往復而永無止境的。即使一個人的生命「終止」了，但是他的「靈魂」的學習可能不但沒有結束，可能又開始了新一輪的「啟蒙學習」。因此，從這個角度而言，學習不光是「終身」的，還是無限的和無止境的。

自知者明，知人者智

1. 把自己看得很重，別人就會把你看得很輕。
2. 你對自己放縱，就會失去別人對你的敬重。
3. 你要是覺得自己完美無缺，就沒有人願意說出你可能的缺點和錯誤。
4. 沒有同理心，就無法理解他人，當然也就難以獲得他人的理解。
5. 一個從來不認錯的人，一定會將自己的錯誤推諉給別人或者尋找藉口否定錯誤。

管理心理學的應用整合

6. 完全自我爲中心的人，不會考慮他人感受，也不會改變自己去適應環境，而這樣的人必然製造層出不窮的衝突和麻煩。
7. 要求別人改變之前首先得自己改變。但是文明中心主義具有優越感，沒有人願意完全放棄自己。
8. 看不慣別人是因爲自己修養不夠；當你看別人不順眼時，別人看你也不會順眼。
9. 你可以不認同他人的觀點，但是不可以不尊重他人表達自己觀點的自由。
10. 當別人犯錯時，寬容一點；當你自己犯錯時，嚴格一點。
11. 一個沒有錢的男人，就像沒有箭的弓弦。
12. 君子和而不同，小人同而不和。以此觀之，習慣「窩裡鬥」的國民，書面上口頭上是君子，行爲上難免是小人。

傾聽生命自身的聲音

生命，從種子到花朵的旅程

人生，就是一個從種子到花朵的旅程。你的一生就是一次開花。你猶如一株植物。生長和開花本身就是你的喜樂和過程。每個存在都是一粒完備的種子。你裡面早已攜帶了一切，即使你還沒有發芽或成長。

但你裡面具備了一切。你整個一生的要務和終極過程就是努力達成那個種子內部的隱藏展現——就是使那個種子內已經指定的壓縮的能量——全然開花——不要把什麼願望或能量留於種子的狀態，它們必須統統向花朵走去。

如果你內在留於種子的部分越多，你就越壓抑，越沒有能量，越是死的。你只有全部——整個種子內部的東西全部來到花的盛開上你才是全然的，你才能眞正享受到生命的歡樂。你必須變成盛開的花朵，否則你就是不儘然的人生。

從種子到花朵，你的能量一直是上提的。請在這個旅程中擺舞。一路唱著由根來到花朵，由地下來到地上，由黑暗來到光明……生命的本質就是那個擺舞的行走，那個用歌鋪滿的旅程。

請一直向前去，能量就不會被滯留。你發芽，你開花——是種子的本性，是你的本性——你按你的程式展開這完全沒有問題。

只要你不給你自己製造障礙，沒有任何石頭能擋住種子的芽沖出地面的力量。沒有誰能箍住花朵的開放與張開。沒有任何人能修改種子的展開的程式——只要你引開它成長路上的路障，你會一路由種子來到花的盛開。這是你的自然，同時也是你的使命。

請不要懷疑你自己的能力——在你還是種子的時候，上帝就已經給你準備好了。請你的自我剔開路上的路障，一路送自己來到花朵的燦然開放。讓花香彌漫你的小院，讓蜂蝶佈置你的春天。

現在開始，請深入自我，來到你的種子面前，找到你的種子的眞實，然後替它開路，引導它來到花朵的盛放。

你必須找到你的種子，看到你種子的眞實性，否則旅程就沒有眞正開始。卽使你行走，那也只不過是迷路中的漫遊。找到你的種子，並帶著它漫行——爲它有意識和樂趣地開路……那麼生命就是順利的歡舞。從種子到花朵的過程是優美的，是節律的，一種能量雲朵的變展。

你必須發現它的節律性，它的優美之處，否則你就會覺得人生很苦，很亂，人生就象次沒有目的的亂行亂走亂掙紮。找到你的種子，找到它變化的節律，跟隨種子的願望，順隨它的優美程式——一路來到花上。

讓自己完全盛開，是你要指導你自己的作業；完成由種子到花朵的完全蛻變，是你自己生命之使命。種子的願望並非再次變成果實至種子，它的目的是花朵；再次變成種子只是它爲種族傳遞的需要，爲自己的需要則是開花。

因此，你的使命也是這樣，你來到人世決不是爲生育或傳遞生物能量的，你是爲開花，釋放精神能量的……因此你必須開花。至於結果，並再次變成種子，那是很自然的事。

果實和再次的種子，只是花自然走向或達成。因此我的生命的高潮就是花朵驟然開放，並美顏展現，芳香傾盡；而決非是果實鑄造，種子達成。因此你的整個生命就是來引導自己開花的，而非其他的。

開花是個愉快的過程，喜樂的過程，因此你不能愁苦。你必須全然享受在這開花之途。不要單純指向那果，那再次的種子……那你就錯過了當下的喜樂而追求虛無的歡快了。

你必須走在種子的本然的旅途上，否則都不是最直接最省能量的路。因此，首先你必須找到自己的種子，然後察明到這種子內在釋放的程式——然後跟它走向花朵，走入你的花期，歡和你的生命你的蜂蝶之在。

沒有更捷徑的路，除了你種子自然的程式之設定的路之外。你必須具備覺知，具備靈性，走在這坦途上，否則，你就推延或抑制你花期到來和全然程度的開花。

因此，我說找你內在的種子是第一步，第二是察明你的程式之途，第三是剔除自己的路障——引導自己走在種子之路，來到開花。這應該是你的整個生命步驟和能量流經之路。

這是一條找你的本性，順應你的本性的路，它是正是靈性之路。優美之路。開花之路。你必須找到它。

花朵屹立花枝之上，優美的蜜蜂圍繞它輕輕唱歌，蝴蝶在繚繞它作無聲之舞。這是個美麗的春天，它正是你生命的春天。

我忠誠的熱愛生命和靈性的朋友，來研究種子與花的關係，來瞭解你與種子與花的關係……來找到生命歡樂的眞義，來走在眞理之途上。

你只有一個最為光榮的使命，當你的意識能量被物質化「人」時，那就是來引導你那個生命能量——開出它燦爛之花。

你要找尋到你的隱藏之種，然後蛻化它成燦然之花。早年，你的生命能量潛伏在種子之中，後來你必須引導它到全然的花朵之上。

讓那種子中沉睡、窩藏的能量——變成花朵優美的顏亮，沁人的芳香……完成你生命的光亮的部分，完成你的發光——就猶如一顆恒星散發它持續的光芒一樣。

這是你的生命，你必須的能量轉換。來，實現它，處在花之端。蝶舞的是那麼美，蜂唱的是那麼好……一切因為花的燦爛，一切源於種子的能量完成轉移到花上。

那些熱愛生命的人，請把你種子內部的能量全然轉移到那花之上吧！任花之開，任蝶之舞，任蜂之唱……

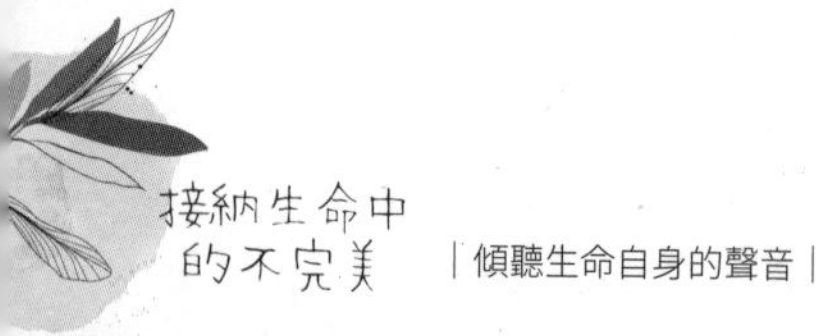

生命法則

不論你今天付出什麼，或是想了、說了、做了些什麼，以後將會變成十倍甚至更多。回報給你也許不是馬上，也不確知將來自何處，但這法則屢試不爽，經由一股無限的力量，不管你對別人抱持什麼麼想法，也許是愛或憎恨或熱情，都會準確地回應在你身上，以一種明確或神祕的形式。

如果你談起某人，一句或兩句讚美的話，很快地會有數十人，過來與你親切地交談。

我們的思想是靈魂的廣播站，我們的大腦知之甚詳。仁善的想法將給我們帶來快樂，卑下的想法則帶來莫名的痛苦。

反射準確地有如鏡子一般，如果你投射出去的是憎恨，回報給你的也將是憎恨，但關愛則會縮短彼此的距離。

今後請你謹記，並視之爲義務，仁善會很快地回報，那些越早付出的人越將很快地、更多地獲得回報。

讓這些觀念，指引你每一天。是的，你知道的，其實我們唯一擁有的，就是我們所付出的東西！

生命中的錯覺

生命是一場戲劇，而你是那劇中的主角、配角兼導演。

那本是一場遊戲，而你覺得它是那麼的眞實，它根本就不是遊戲。

這正是你的錯覺之一。

生命裡有很多錯覺，這正是你最大的錯覺之一。

生命中的任何事情本是一場玩笑，而你並不覺得可笑——這本身就構成玩笑。你總是那麼認眞、嚴肅的處理玩笑的事、遊戲的事——對生命的存在來講，這尤其顯得可笑。如果你還沒發現這種可笑性，說明你還沒有參透生命。當你看出生命的可笑，當你看出你的愚蠢，你的生命將會有一場變革，一個突然的翻轉就會發生：你將過上開悟者的生活！

從此，你將掙脫生命存在中種種事情對你的束縛，你將由嚴肅變得快樂，由痛苦變得歡樂，由執著變得無根但自由……

生命中有很多錯覺，連生命本身都是一場錯覺，你還有什麼可以執著？整個執著在顯示著你的無知。因爲知道的人都不再執著。

當你發現上述的祕密，並不說明你不再熱愛生命，也並不代表你不再正規地做事，更不是你在愚弄生命——恰恰相反，你將更加地熱愛生命，以另一種正規甚至更加正規的態度做事，你不再愚弄生命而是以更多的愛來擁抱和親吻生命。當你不再刻意讓自己與生命協同運轉時，你就在自然地

與生命協同運轉。你與生命本然協同性越好，你將越衷於生命，你將越從生命那裡獲得更多的營養性的東西。

生命並不枯燥，也並非是苦海——它恰是一個多變的、絢爛的、充滿浪花和能量的海洋。你不知道生命有多美，它的美是那樣的不願讓自己走開。

當然有的人一定在否定我的認識。事實上，任何認識都源於認識者個體的知識和頭腦的解釋——它並不衷於事實本身。那麼，我所說的生命的狀況就是眞實的嗎？事實上，我們合起來就是眞實。而生命對你的實相，而完全取決於你看到了生命的哪一個部分，哪一個面。生命正是由那個正反兩面來組成的——當你朝向正面的時候，你認定是我所說的，它絢爛、美麗、充滿優美的不確定性；但當你朝向它的反面時，它就是你所說的，它是苦海，它是空，它是幻影……

事實上，無論你怎麼說，你都沒有說錯——但無論你說什麼你都錯過了一半。除非你看到並選擇了整體，否則你在過著殘廢的生命生活。佛陀沒有說對生命，奧修也沒有全對，但他們都分別由山的正反兩面來到了山頂，一個基本的事實是：他們都過上了超越的生活。這恰是你要認眞瞭解的。

你必須來瞭解生命中更多的錯覺，你瞭解生命中的錯覺越多，你就越在過上眞實的生活。如果你被錯覺所包圍，那麼有兩個局面將會產生：要麼你就活在虛幻的痛苦中；要麼你就活在虛幻的快樂當中。當無論在哪一種景況中，你都是虛幻的。

如果你來參破，也有兩種情況將會發生：如果你參破了痛苦的虛幻性，那麼你將獲得突然的快樂；如果你參破了虛幻的快樂，那麼你將陷入突然的痛苦。除非你一開始就識破錯覺，否則無法眞實而平靜的生活。

生命中的錯覺實在太多，多得幾乎你步步在其中。比如時間，時間對你來講，就是一個錯覺，你覺得生命是由時間組成的，事實上，生命根本不是由時間來組成的，你的生命中根本就沒有時間這一概念。你沒有未來，也無過去，你怎麼此刻能同時活在未來與過去當中呢？你只能停留在當天。你沒有時間，你只站在一個「點」上。你擁有的是一個「點」，而非一條射線或線段。你覺得你擁有一條射線或線段，這就是錯覺。你永遠只是在一個「點」上，你只能從一個「點」移向下一個點，你只是從這個點向那個點移動，你怎麼能同時擁有過去的和未來的無數點呢？這是不可能的。你覺得你擁有過去的或未來的無數點，你擁有一條時間或生命的射線或線段，那正是你的錯覺之一。你沒有歷史，也無未來。你確信你有，並且它是眞實的，這正是你最大的錯覺之一。最大的錯覺就是你以爲那個存在是千眞萬確的眞的東西。事實上它們仍然不是。

再比如，你覺得你的生命一天天地過去，你感歎時間在流逝——這又是一個錯覺。根本就不是時間在流逝，而你是你的生命在飛逝。整個損失是你的生命怎麼能會是時間呢？如果時間有的話，整個時間一點都不會損失，而損失的就是你整體的生命。對於時間的錯覺，這基本上是你生命當中的第一個錯覺。這個錯覺很普遍，它讓你覺得這是眞理。因此你喪失了對它的思考性。

再說說第二個較爲普通和宏大的錯覺，那就是你生命中的痛苦與歡樂。

常常是這種情況，當你生命中的歡樂發生，歡樂、歡樂……當歡樂來到了它的頂點——當你歡樂到極點時——一種錯覺會立馬產生：你覺得那不是眞實的，你覺得那歡樂是虛假的，你覺得它象一場幻夢，你開始擔心它會破滅，你期待讓這個夢的幻泡別破滅……這是歡樂的錯覺；還有就是痛苦的，當痛苦在你生命中發生，你覺得它是那麼眞實，眞實到你根本你連一點對於它的虛假性都不會產生……每個痛苦對你來說都是眞實的，但歡樂常常令你覺得它是虛假的，這又是生命的另外的錯覺之一！

事實上，痛苦和歡樂都是眞實的，同時也都是虛假的。但那個錯覺讓你認爲：痛苦是的眞實的，而歡樂是虛假的……事實上，你沒有參破痛苦與歡樂的眞相。當你參破你會覺得，它們都是眞實的，同時也都是虛假的。你只有同時參悟了這個，你才能看到更爲眞實的生命，你才能看到生命的整體與眞理。

在生命當中，一切都是眞的，但同時一切又都是假的。你只有同時看到這個生命的兩面，你才能免於陷於生命的眞的假和假的眞中。你必須是超越的，否則你將過著一種片面的生活，無論那種生活對你是痛苦還是歡樂。而要來到生命的高度，你必須藉由那些低度開始……你必須藉著種種錯誤來達到正確，你必須藉著一層層地識破錯覺而看到眞實。不要回避人生的痛苦，同時懷疑你生命中歡樂的眞實性，一切都是眞的；但同時又不要執著，因爲一切又都是假的。你必須過上那麼純粹歡樂的生活，你才能眞正參悟到生命的眞義，即使存在爲你設置了非歡樂。在我看來，你必須歡樂著你的歡樂，同時，你的痛苦——你也必須歡樂著。你必須歡樂著跳舞，歡樂著歌唱，歡樂著吃飯，歡樂著睡眠……你必須保持著內在的歡騰，來朝向生命的高峰。生命即使霧氣重重，你也沒必要跟著霧氣重重……你必須用你的歡樂將它衝開！如果人生本來虛無，你幹嗎不眞實的演繹？如果你人生眞實，你幹嗎又那樣認眞的存在？不要選擇一端而擯棄生命的另一端，來過兩端的生活，擺舞的生活，超越的生活和整體的生活。你必須選擇存在的整體，否則你將陷入孤苦和束縛。

生命有種種錯覺和錯覺種種，如果你沒有覺知，你就一定陷入其中。普通人的很多煩惱與痛苦就是因爲他們看不到生命的實相和不能享受那虛相的原因。如果你能直見那生命實相或能全然享受那虛相，快樂將會從你心中溢出來！整個你生命中基本的事實將會有一個翻轉：那些你從前所認爲是眞實的，將變得虛假；而那些你所認爲是虛假的，將變得眞實！你的生命只有當這個翻轉出現後，你才能變得完整或更靠近眞理。如果你不具備超越的意識，你將無法免於錯覺所給帶來的副作用。所以你必須是超越的，否則你不會是超越快樂的。

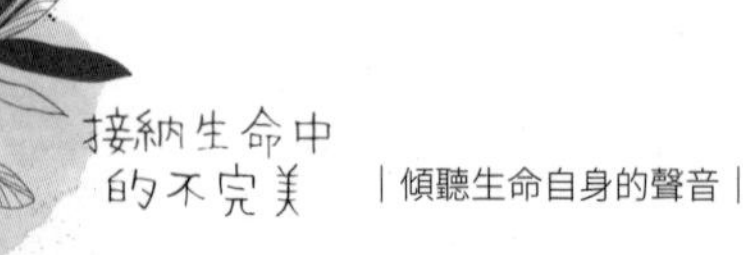

隨順生命之流

當你開始能以振動頻率的角度來看世界，而不再採用行動，那麼你拉近顯示與理想之間的距離的能力，就會愈來愈強。

「我願意更專注，更努力，付出更多時間」——但是，我們要你瞭解，這種堅決的態度只能導致你再次變成逆流。只要順著「生命之流」，你就不需要裝馬達來讓船變得更快，這股生命之流自然會帶著你往前走，把槳丟掉吧！

只要保持著需要克服某些困難的信念，這就表示你還在逆流的狀態；只要瞭解到，一切的願望其實都很容易達成，這就表示你處在順流的狀態。

現在發生在你身上的每一件事，都與你當下的振動頻率，完全一致——你內在的情緒，正反映出你當下的頻率狀態。

最重要的是，當你體悟到，其實眞正要做的事，不過是與自己的本來面目重新合一，隨順的藝術（放任的藝術）就會變成你的第二天性。

人們最常犯的錯誤是在心中有這樣的信念：我必須立刻達到目的，而且愈快愈好。但是，心急只能帶來反效果。你有必須趕快到更好的地方的信念時，你就是在懷疑生命之流的力量、速度、方向和承諾。

學習生命

我本害怕孤單，直到我學會愛自己。

我本害怕失敗，直到我體會不嘗試，則只有失敗一途。

我本害怕成功，直到我理解值得一試，好讓自己快樂。

我本害怕人言，直到我學會，不管如何，人們總會對我有意見。

我本害怕遭拒，直到我學會自信。

我本害怕痛苦，直到我學會此乃成長之必經。

我本害怕生活，直到我體驗其美。

我本害怕死亡，直到我瞭解它並不是終點，而是開始。

和諧家庭幸福人生課堂

我本害怕命運，直到我瞭解我有能力改變生活。

我本害怕憎恨，直到我看見無知更糟。

我本害怕愛，直到我心感動，它讓黑夜消褪，進入無限光明。

我本害怕遭人嘲弄，直到我學會如何自我解嘲。

我本害怕長大，直到我得以日增智慧。

我本害怕未來，直到我體悟生命漸次美好。

我本害怕戀愛，直到我知道有一個人可以和你相知相守此生不渝。

我本害怕過往，直到我體會到它已無傷於我。

我本害怕黑暗，直到我見星夜之美。

我本害怕光亮，直到我學會眞理給我力量。

我本害怕改變，直到我看到最美的蝴蝶尚需在展翅前，經歷蛻變。

害怕只讓人更裹足不前，一事無成；跨出勇敢的第一步，世界是寬廣的。

讓今日有所感動，對明日換以希望

一部不知名的電影：說有個人死後到了天堂，那個地方有許多天使，還有許多像電視一樣的機器，天使請他坐下來，然後這些機器就開始放映他的一生。他就這麼看著他的一生像電影一樣放映著，但是他發現機器只要放映他逃避一些事情時，畫面就停格！

於是一部部機器停格在：他第一次惹爸媽生氣卻不敢道歉；他愛上一個女孩卻不敢表達；爲人父親時，不敢表達自己對孩子的愛……終於，他的一生放完了。

天使們一陣討論之後告訴他：你在這一生中缺乏了愛與勇氣，所以我們要請你重回人間，把愛與勇氣學會之後，再回到這裡來。

畫面一轉，這個人又出生在人間，重新學習愛與勇氣。

朋友告訴我，這部電影讓他非常震撼，原來，如果他此生學不會原諒，那麼他得來生再學；如果他此生學不會勇敢面對，那麼他得來生再學。那爲什麼他不在這一生中就學好這兩件事？

他的這一番話，讓我重新提起勇氣，去面對我該面對的生活。

讓今日有所感動。

對明日抱以希望。

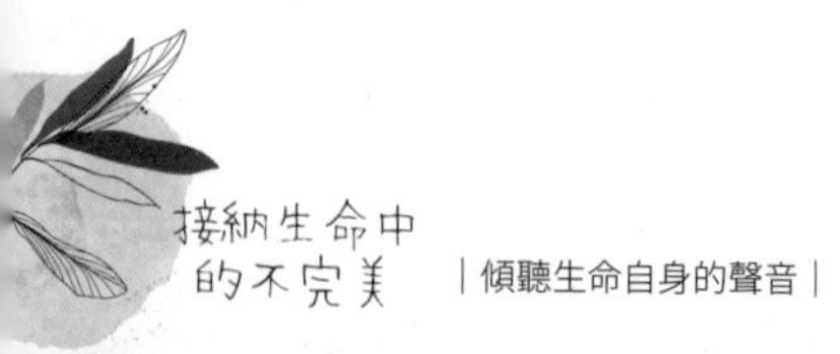

Life doesn't require that we be the best, only that we try our best.——HJB

（生命不要求我們成爲最好的，只要求我們作最大的努力。——傑克遜布朗）

願你也有相同的心情，這一生人的相遇總會有許多的遺憾。

朋友，請不要忘了，你身邊該珍惜的情分，或許有一天，你才懂得珍惜。

但這一切，又是否要等到來生才能有勇氣補償這些已經成爲過去的遺憾。

相信生命——待重新歸類

大其心，容天下之物；虛其心，受天下之善；平其心，論天下之事；潛其心，觀天下之理；定其心，應天下之變

愛的分享：無論從事哪個行業，人們生命的素質與他們追求卓越的投入程度均成正比關係。

人生的成功不在於拿到一副好牌，而是怎樣將壞牌打好。當心靈趨於平靜精神便得永恆，給自己一個微笑吧，太陽每天都是新的！

人生目標可分兩部分：一是生活工作自我實現的目標，我們叫它基本目標；二是人生價值觀的目標，我們叫他使命感目標。一個人活著而有價值這兩者缺一不可，重要的是如何在兩者間取得平衡。

一個人能走多遠看他與誰同行，一個人有多優秀看他身邊有什麼樣的朋友，一個人有多成功看他有什麼人指點。結交良師益友也是投資自己的好方法。

我相信生命中的任何關係，皆是一個自我發現的旅程，讓我們靜心觀照片刻，享受我們發現後的行動與改變吧！

每一個人的學習方式都不同，但人活著的每一天都是可以使自己不斷學習新事物的，也就是這樣的生活態度，才會讓生命有意義。

人生的過程順逆皆有，最重要的，便是要給自己希望，在每個逆境中看到希望，才能在每一個人生關卡中成長、前進。

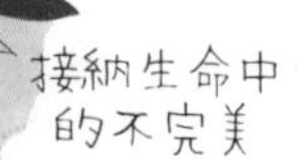

開展生命教育的迫切性

當今社會上，許多人對生命抱冷漠的態度，苛待和殘害生命的現象相當嚴重。舉其顯著者，例如：醫院認錢不認人，見死不救，惡性醫療事故屢有發生，醫療腐敗之所以最遭痛恨，正是因爲直接威脅了廣大人群生命的權利；礦難頻繁，貪官和不法礦主互相勾結，爲牟取暴利而置工人的生命于不顧；假藥、僞劣食品橫行，非法美容業猖獗，不斷造成損害性後果；某些執法者、准執法者乃至非執法者濫用私刑，草菅人命；交通肇事者扔下受害人逃逸，甚至故意拖、壓受害人致死；翻開報紙，幾乎每天都有兇殺案的報導，其中一些作案緣由之微小與一條命的價值驚人地不相稱。

尤其令人擔憂的是，冷漠的病菌也侵蝕了孩子們的心靈，校園暴力、青少年兇殺犯罪的案例明顯增多。與此同時，孩子們對自己的生命也不知珍惜，中學生、大學生、研究生自殺成了多發現象。

當然，上述現象的原因是複雜的，不能單靠教育來解決。但是，也不能缺少教育。有必要把生命教育作爲公民教育的重要內容，從孩子開始，培育生命尊嚴的意識，善待自己的生命，也善待一切生命。

生命是最基本的價值

生命是最基本的價值。一個最簡單的事實是，每個人只有一條命。在無限的時空中，再也不會有同樣的機會，所有因素都恰好組合在一起，來產生這一個特定的個體了。一旦失去了生命，沒有人能夠活第二次。同時，生命又是人生其他一切價值的前提，沒有了生命，其他一切都無從談起。

由此得出的一個當然的結論是，對於每一個人來說，生命是最珍貴的。因此，對於自己的生命，我們當知珍惜，對於他人的生命，我們當知關愛。

上述道理似乎是不言而喻的。可是，仔細想一想，我們眞的珍惜自己的生命和關愛他人的生命了嗎？有些人一輩子隻把自己當作了賺錢或賺取其他利益的機器，何嘗把自己當作生命來珍惜。有些人更是只用利害關係的眼光估量一切他人的價值，何嘗有過一個生命對其他一切生命的深切關愛的體驗。

所以，在我看來，生命的價值仍是一個需要啟蒙的話題。

傾聽生命自身的聲音

生命原是人的最珍貴的價值。可是，在當今的時代，其他種種次要的價值取代生命成了人生的主要目標乃至唯一目標，人們耗盡畢生精力追逐金錢、權力、名聲、地位等等，從來不問一下這些東西是否使生命獲得了眞正的滿足，生命眞正的需要是什麼。

生命原是一個內容豐富的組合體，包含著多種多樣的需要、能力、衝動，其中每一種都有獨立的存在和價值，都應該得到實現和滿足。可是，現實的情形是，多少人的內在潛能沒有得到開發，他們的生命早早地就納入了一條狹窄而固定的軌道，並且以同樣的方式把自己的子女也培養成片面的人。

我們不可避免地生活在一個功利的世界上，人人必須爲生存而奮鬥，這一點決定了生命本身的要求在一定程度上遭到忽視的必然性。然而，我們可以也應當減少這個程度，爲生命爭取盡可能大的空間。

在市聲塵囂之中，生命的聲音已經久被遮蔽，無人理會。現在，讓我們都安靜下來，每個人都向自己身體和心靈的內部傾聽，聽一聽自己的生命在說什麼，想一想自己的生命究竟需要什麼。

不失性命之情

在中國傳統哲學中，最重視生命價值的學派應是道家。《淮南王書》把這方面的思想概括爲「全性保眞，不以物累形」，莊子也一再強調要「不失其性命之情」、「任其性命之情」，相反的情形則是「喪己於物，失性於俗者，謂之倒置之民」。

很顯然，在莊子看來，物欲與生命是相敵對的，被物欲控制住的人是與生命的本性背道而馳的，因而是顚倒的人。

自然賦予人的一切生命欲望皆無罪，禁欲主義最沒有道理。我們既然擁有了生命，當然有權享受它。但是，生命欲望和物欲是兩回事。一方面，生命本身對於物質資料的需要是有限的，物欲決非生命本身之需，而是社會刺激起來的。另一方面，生命享受的疆域無比寬廣，相比之下，物欲的滿足就太狹窄了。因此，那些只把生命用來追求物質的人，實際上既怠慢了自己生命的眞正需要，也剝奪了自己生命享受的廣闊疆域。

生命觀與人生意義

最近有一所學校開展生命教育，讓我題詞，我寫了三句話：熱愛生命是幸福之源；同情生命是道德之本；敬畏生命是信仰之端。

這三句話，表達了我對生命觀與人生意義之關係的看法。人生的意義，在世俗層次上即幸福，在社會層次上即道德，在超越層次上即信仰，皆取決於對生命的態度。

幸福是對生命的享受，對生命種種美好經歷的體驗，當然要以熱愛生命為前提。哀莫大於心死，一個人內在生命力枯竭，就不會再有什麼事情能使他感到幸福了。

孟子說：「惻隱之心，仁之端也。」亞當・斯密說：「同情是道德的根源，由之產生兩種基本美德，即正義和仁慈。」可見中西大哲皆認為，道德是建立在生命與生命的互相同情之基礎上的。同樣，道德之淪喪，起於同情心之死滅。

基督教相信生命來自神，佛教不殺生。其實，不必信某一宗教面對生命的奇跡心懷敬畏，敬畏之心油然而生是最自然而然的事情。泰戈爾說：「我的主，你的世紀，一個接著一個，來完成一朵小小的野花。」這已經就是信仰了。相反，對生命毫無敬畏之心的人，必與信仰無緣。

利己和同情

西哲認爲，利己是人的本能，對之不應作道德的判斷，只可因勢利導。同時，人還有另一種本能，即同情。同情是以利己的本能爲基礎的，由之出發，推己及人，設身處地替別人想，就是同情了。自己覺得不利的事情，也不對別人做，這叫做正義，相當於孔子所說的「己所不欲，勿施於人」。自己覺得有利的事情，也讓別人享受到，這叫做仁慈，相當於孔子所說的「己欲立而立人，己欲達而達人」。

在這裡，利己和同情兩者都不可缺。沒有利己，對自己的生命麻木，便如同石頭，對別人的生命必冷漠。只知利己，不能推己及人，沒有同情，便如同禽獸，對別人的生命必冷酷。

中國儒家也強調同情，但往往否定利己，使得推己及人失去了基礎。在這方面，荀子比較正確，認爲好利惡害是君子小人之所同，區別在求利之道不同，可惜他的見解少被採納。同時，儒家的推己及人也有毛病，「能近取譬」限於宗法關係，使得仁蛻變爲父子關係的孝，進而蛻變爲君臣關係的忠。於是，以同情爲出發點的儒家倫理竟演化成了血淋淋的三綱，君命臣死，臣不得不死，在專制權力面前，一切生命的價值都等於零。

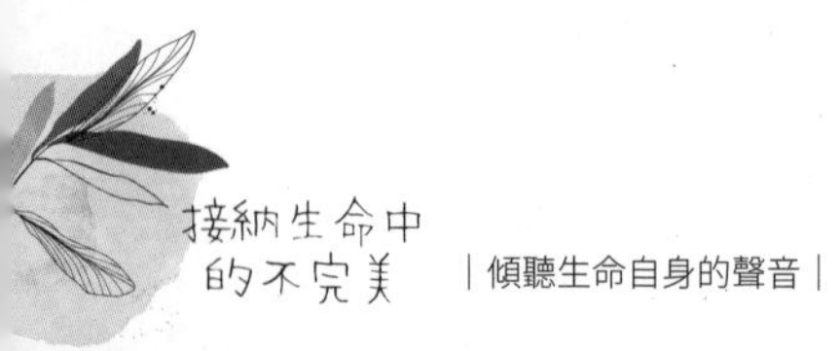

每一個相遇的人都是你的啟示

成熟

一種明亮而不刺眼的光輝

一種圓潤而不膩耳的音響

一種不再需要對別人察言觀色的從容

一種終於停止向周圍申訴求告的大氣

一種不理會哄鬧的微笑

一種洗刷了偏激的淡漠

一種無須伸張的厚實

一種並不陡峭的高度

從無知到天眞

小孩子剛出生時都是天眞的，但遲早他會被污染，從古至今，社會對每個小孩所做的事，就是污染他們。

所有的文化總會奪走小孩的天眞，剝削他、奴役他，用制約框住他，以作爲後來的用途，不管是政治的、社會的還是意識形態的用途。這些全部的努力，目的就是把小孩子變成奴隸，而既得利益者決定了這一切，老謀深算的神職人員及政治人士的合作已經有很久的歷史了。

每當小孩子變成了社會的一部分，他便失去了某件十分珍貴的東西。他開始失去跟神之間的聯繫，變得愈來愈活在頭腦當中，他忘了他還有顆心，而心是通往存在本質的橋樑，沒有心你到不了那裡——這是不可能的，從頭腦沒有直達你本質的路，你必須經由心這個橋樑，可是社會不斷嘗試摧毀你的心。

長久以來，社會就不認同愛，不認同感覺，將感覺當成是多愁善感，它譴責任何能去愛的人，理由很簡單，愛不是頭腦的，愛是屬於心的。一個能愛的人遲早會發現他的本質。當他發現他的本質時，他就能從所有的架構、一切的模式之中解脫，不再攜帶著包袱，他變成純粹的自由。

每個小孩出生時都是天眞無邪的，可是他們會被塑造成知識導向的人，這就是爲什麼社會上有學校、學院、大學的存在，它們的作用在於摧毀你、腐化你。

成熟的意思是再次地獲得你曾經失去的純眞，重新回到你的天堂，再度成爲小孩子。當然，這時的你是不同的——普通的小孩註定會被腐化，但當你重拾你的童心，就再也沒有人能腐化你。因爲你變得夠聰明，再沒有人能腐化你——現在的你知道社會所加諸在你身上的枷鎖，你很警醒，很覺知，你不會允許同樣的事再發生。

成熟是一個重生，靈性上的誕生，你煥然一新，又是個小孩子。你以新奇的雙眼看待存在，心中懷著愛面對生活，在寧靜與天眞中，進入你自身最深處的核心。

你不再只是頭腦，現在你將會使用頭腦，而它是你的僕人。你成爲心，接下來你甚至超越心。超越思想與感覺，成爲一個純粹的「是」，這就是成熟，成熟是靜心最終的開花。

激發正能量工作坊

耶穌說：「除非你再次出生，否則你無法進入神的國度。」他這麼說是對的，你必須再出生一次。

有一回，耶穌站在市集之中，有人問他：「誰有資格進入你神的國度？」耶穌向四周掃視了一下，有位猶太教的學者在那裡，他必定是稍微往前站了一步，以爲他會被選中，可是他並沒有被選中。他是那裡最有傳統的人（ZZ）、道德家、清教徒，而他往前靠了一步，希望他能被選上，但耶穌並沒有選他，耶穌環顧四周，看見一名小孩，這孩子並沒有期望被挑上，他站在原地，甚至連動都沒動一下，他沒有想過，也沒問他能否被挑上，他只是享受整件事、人群以及耶穌與人們的談話，而他只是在一旁聽著。耶穌喚了這名孩子，將他帶入懷中，然後對衆人說：「唯有那些像這個小孩子的人，才有資格進入神的國度。」

不過你得記著，耶穌說的是「那些像這個小孩子的人」，並不是說：「那些小孩子。」這兩者之間差十萬八千里。它沒有說「這個小孩會進入神的國度。」因爲小孩子遲早會被摧毀，他一定會誤人歧途，每個亞當和夏娃註定會被逐出伊甸園，他們將迷失在路上。

你找回童年唯一的方式是你得失去它，聽起來很奇怪，但生命就是這樣子，看上去好像似是而非，它原本就是一個吊詭。要明瞭你眞正的童年，首先你必須失去它，不然你將永遠不會懂它。

魚兒從不知道海洋在哪裡，除非你將它捕出來，把它丟到滾燙的沙灘上，這樣它就知道海洋在哪兒了，現在它會渴求海洋，費盡心力希望能再回去，它會跳回海裡。當它再回去的時候，海仍是海，但在它眼裡已經不同，它仍是那只魚，但它也已經不同了，因爲它已學習到新的事情，現在它有覺知，現在它明白到：「這是海洋，而這是我的生命，少了它我便不復存在。我是它的一部分。」

所有的小孩都必須失去他們的純眞，而再找回他們的純眞。失去只是過程的一半，許多人失去，卻只有很少的人重新找回，這是不幸的事，非常的不幸。大衆都會失去純眞，可是偶爾才會出一個佛陀、查拉圖斯特拉（Zarathusyra）、克裡希那（Krishna）、耶穌，再次得回他們的純眞。耶穌不是別人，它正是回來的亞當，而瑪格達蓮（Magdalene）正是回來的夏娃，他們曾離開過海洋，嘗過痛苦，看出自己的愚昧，他們明白離開海洋並不會快樂。

當你開始意識到，痛苦與受限皆是因我們變成了社會、宗教、文化的一部分——就從你看出來的那一天起，你拋掉了你的枷鎖，成熟便降臨到你身上，你再次地回到你的純眞。

成熟不同於老化

成熟與老化之間有著很大的差異，這當中有如天壤之別，然而人們總是搞不清楚這兩件事。他們以爲年紀大了就會變得成熟，但是，年歲的增長屬於身體層面的現象，所有的人年紀都在增加，也終將變老，但並不見得每個人都會變得成熟，成熟是一種內在的成長。

對於老化這件事，你什麼事都不必做，那是一個生理上的現象。小孩出生，經過一段時間，他會變老，而成熟是某個你帶進你生命中的品質，透過覺知而來。隨著年紀的增長，當一個人帶著全然的覺知時，他就會變得成熟，年紀加上覺知，經驗加上覺知，才等於成熟。

生活的方式有兩種：其中之一是，你深深地活在睡夢當中，然後你長大，隨著時間流轉而變老，隨著每分每秒過去，你漸漸朝死亡靠近，這樣，你生命的全部，就是一個漫長的死亡過程。可是如果你能在經驗之中帶著覺知——不論你做什麼，不管發生了什麼，一旦你很警覺、能觀照、去留心，你就能從各個角度來品嘗這個經驗。

你試圖明白它的意義在哪裡，嘗試去參透事情最深處的所在，看看你到底怎麼了，你想要強烈地、全然地活在其中。這麼一來，它就不會只是一個表面的現象，你內在深處的某個部分正隨著它產生轉變，你的覺察力會加深，假如說這個經驗是一個錯誤的話，你以後就不會再犯。

成熟是一個重生，靈性上的誕生，

情境領導力——領導心理學

你煥然一新，又是個小孩子。
你以新奇的雙眼看待存在，心中懷著愛面對生活，
在寧靜與天真中，進入你自身最深處的核心。

靈魂的成熟

成熟與你的生命經驗沒有關係，而是與你的內在旅程、你裡面的經驗有關。當一個人愈深入自己內在時，他就會變得愈加成熟。

當他到達自己本質中最核心的地方時，他就完完全全地成熟了。而當這個一消失，就只有存在；自我消失了，只留下寧靜；自我消失了，只留下天真。

對我來說，成熟是生活的另一個名字，你已經完成你的潛能，你的潛能已經實現出來了，這顆種子已歷經了一段漫長的成程，也已開花結果了。

成熟有一種芬芳，帶給人無上的美，使人變得聰慧，達到聰慧的極致。一個人在其中除了愛，還是愛。他的行動是愛，他不動時也是愛，他的生活是愛，他的死亡也是愛，他就只是一個愛的花朵。

西方對於成熟的定義很幼稚，他們認爲成熟就是你不再天真，你在人生的經歷中已成熟，別人無法再欺騙你，也不能剝削你，你裡面好像是一顆生硬的石頭，那是你的保護，一種安全的保障，這樣的定義很通俗、很普遍。

沒錯，世界上是有這類成熟的人，然而我看待成熟的方式卻是迥然不同的，我的看法與這個定義恰好相反，我所說的成熟不會讓你變成一顆生硬的石頭，它會使你很脆弱、很柔軟、很單純。

成熟的關係

倚賴／獨立／互賴

愛有三種層面，其中之一是倚賴，大部分人經驗到的都是這一種。丈夫倚賴著他的太太，太太倚賴著他的丈夫，他們相互利用，相互控制，相互占有對方，將對方貶爲日常生活用品。世上所發生的愛百分之九十九都是這個狀況，這正足以說明爲什麼原本能夠打開天堂之門的愛，卻變成隻打開了地獄之門。

另一個可能是發生在兩個獨立的人之間的愛，這種愛偶爾才出現一次，但仍有痛苦，因爲總有衝突在其間，沒有彈性的空間，兩個人都是那樣地獨立，沒有人準備要妥協，沒有人願意爲另一個人做調整。

詩人、藝術家、思想家、科學家這些人，他們有著獨立的靈魂，至少從他們心理的這部分來看，要和他們一起生活就是不可能的，他們算是古怪的一群人。他們讓別人自由，然而那個自由看上去更像是漠不關心，一副滿不在乎、好像凡事都無所謂的樣子。他們讓別人有獨處的空間，關係對他們來說似乎只是很膚淺的東西，他們害怕與別人走得太深，因爲他們愛他們的自由更甚於愛，並且他們不打算做任何妥協。第三種可能的層面是互賴，這種發生非常罕有，可是當它發生的時候，凡間就變成了天堂。

兩個人既不獨立也不倚賴，而是在一種高度的同步狀態之中，仿佛是爲對方在呼吸，仿佛是住在兩個身體裡的同一個靈魂。

當這樣的情形發生時，愛就發生了。這才是叫愛，另外兩者並不是眞愛，它們充其量是一種安排，不管是社會的、心理上的、生理上的，怎麼說都只是一種安排，第三種層面是心靈的。

每一個相遇的人都是你的啟示

愛與你相遇的每個人。每一個相遇的人都是你的啟示。

你給予他們，同時你也被給予——給他人或自己給予。這是個並不神祕的祕密，但必須再次由我提出，再次讓你得到和明確：每一個相遇的人都是你的啟示，如果你能帶著反思自己的覺知。

在我看來，世上就根本沒有眞正的減法。總是所有的減法都伴著加法。你在生活的這邊做減法，生活的那邊就在做加法。從來就沒有眞正的減法，你失去一種你一定會得到另外的一種。

生命並非是個耗能過程，它只是個能量的轉化過程。從來就沒有眞正的損失，所有的損失只不過是一種轉化。能量是守恆的，在精神領域也同樣守恆。

失去時你在哭嗎？傻瓜，正因爲你在哭所以你沒看見那個正在朝向你的加法。你在教室裡常常數學考一百分，但在生活中你常常得零蛋。

你的聰明和覺知僅能用在特別的或局部狹小的領域，這正是你沒有超越某種存在的表現。

生活沒有眞正的減法，你想眞正失去是不可能的。一些東西你不要也得要，人類的奇怪正在於：他總是覺得，想要的沒有，不想要的卻來……事實上，這是沒有覺知的結果，因爲他總是在看到一面。

如果他能看到整體存在，那麼，他就會覺得存在從沒有丟失，存在只在轉跳。人類那一點點智慧正是應該用來找尋並融合另一面的。

如果你帶著足夠的覺知，與人相遇，你就有返照的能力。你給予別人的同時，你一直在給予自己。在那個自我覺知的情況下，你是別人的鏡子，事實上，任何人也都是你的鏡子。

如果你有覺知，任何與你相遇的人都是一種鏡子，你從那裡面一定能夠望見某種開啟，神的開啟。如果你有覺知，你就能獲得兩種資訊的回饋：客體實相給予的資訊；還有你自己在那面鏡子裡的虛像的神啟信息。如果你有那種覺知，你一定會相信，與你相遇的每個人都是你的啟示。

而且你還會發現，你得到總是多於你給人的，所以有了那份覺知與對啟示的攝取，你的感恩之心是自然的顯現。根本不用你告訴自己，我要感恩我要感恩——彷彿你的頭腦在給你的心下命令。事實上，眞正的感恩正是那種攝見神啟後的自然感情。

感恩決不是頭腦對心的強迫與命令。感恩是對神的感激。誰如果沒有碰見過神，眞正的感恩是不可能發生在他的內心的。感恩必定是心接受了頭腦的強迫命令。

你無法遇到感恩，所以你就必須得來計算。你要計算你愛了多少，恨了多少；得了多少，少了多少……頭腦必須看到實物及其數量，否則它會不安。頭腦是張餓狼之口，由於它總是在想著吃在腹中，因此它就有急迫的算計，因此它在製造加減法，計算得與失；製造片面，分裂整體，因此它在創造煩惱。

煩惱不是人遇到的，恰是人創造的。人在創造煩惱，這也是動物們所不會的。所有人的煩惱都是人所帶來，那些能給你帶來幸福的人，也常常在給你帶來痛苦。

因爲你不是帶著有覺知向內的，因此你在那些人身上找不到存在的啟示，因此你不可能神入他人——因此你就將常常在「碰壁」……因而煩惱就生成。每個到你面前的人都是一面鏡子，你在看到鏡子的同時也必須看到鏡中的你自己。

常常是當一面特別的鏡子來到人家的面前時，他們只在看鏡子而不知在看鏡子中的自己。——這正是你無法在與你相遇的每個人身上看到啟示的原因。

一面玻璃之鏡送到你面前你很容易用它來照見自己，但爲什麼一個「人」——一面特殊的鏡子至你面前時你卻只見鏡子而不見鏡象呢？因此照鏡子也是需要修煉的。

——人一生在把自己打磨成鏡的同時，也練就了一種能把別人視爲鏡子的功能。神啟正是周圍的牆上看到自己的鏡像。修煉的另一個祕密就是能把所有的牆變成你眼中的鏡子，同時你自己也變成了鏡子。如果你沒有達到這樣的能力，那麼你將很少獲得神的啟示。你也就無法得知：與你相遇的每個人都是你的啟示。

所有與你相遇的人都帶著一定的財富與你相遇。沒有一個是純粹的乞丐是來向你純粹乞討的。每個人都在給予你什麼，無論他們標明要向你討要什麼——如果你有開悟的能力，你仍會覺得他們在給予你。

沒有純粹的乞討，你不想要那個與你相遇的人的資訊也是不可能的。生活中沒有純粹的減法，你拒絕做加法也不可能；反之也成立，你只想做加法也不可能，加法必定伴隨著減法在運算當中發生。

同理，在人的生活中，乘法和除法也是一樣的：沒有純粹的乘，也沒有純粹的除——一切相對的運演算法則都在同時進行。從存在整體上從存在全局上看一定是這樣，之所以你總在覺得虧本，你在做減法，甚至是除法，那是因爲——你總是在看到與你直接相關的利益得失，你的能力有限，你無法看到與你相間隔的間接的東西。

煩惱就是常常來自於你只看到問題的一面，評價的失頗正來自於你只看到硬幣的一個面。你無法看全大象，因爲你是螞蟻。要想螞蟻看全整頭大象，螞蟻必須爬上大樹。

如果你沒有靈性的高度，你將無法看到你的全部。如果你未曾將牆壁變成你眼中的鏡子，如果你無法把他人看成發光的物體——你將無法在周繞看到自己的相，你將無法獲得那種存在的啟示。你將無法得知：與你相遇的每個人都是你的啟示。

生命中的貴人

記得要注意身邊的朋友，有可能就是您「生命中的貴人」喔！

幸福是靠自己去爭取的，不管是友情或愛情很多事情，錯過了就沒有了，錯過了就是會變的。

成功大師說：「每個人都有250位朋友，80%對你毫無幫助。」

每個人都有朋友，比的是你能吸引什麼樣的人成爲你的朋友，是否能悟透近朱者赤近墨者黑的道理？我曾經到新加坡去參加全球暢銷書《富爸爸窮爸爸》作者的理財課程，來回機票加上住宿和課程費用，大約花8萬。成功大師的第1堂課就令我的印象十分深刻，他是全世界最會教導別人如何理財的大師，學員來自馬來西亞、新加坡、大陸、臺灣和日本，大家十分興奮的準備聽他分享理財最重要的第1個關鍵。

成功大師說要每個人寫下10位和自己最親近的朋友，大家感到一陣子的莫名，接著成功大師說要大家寫下這10個人的財務狀況，把所知道的一切詳細的寫下來，包括：他們有多少存款、多少房子、車子、每個月收入多少、有多少負債……等，再寫下他們跟你聊天時談到他們對金錢的看法……，盡你所能的寫下你身邊和你最親近的10個人，他們的財務狀況。

在場來自於5個國家300多位學員就認眞的寫作業，成功大師每隔5—10分鐘就要大家再寫多一點，就這樣寫了將近1

個小時，終於把這10位親近之人的財務狀況寫完了。

成功大師問：「現在各位知道爲什麼了吧？」

大家搞不懂他所指的意思，互相轉頭看了一看，成功大師接著說：「你是否發現你和所寫的人財務狀況差不多呢？」大家才猛然的覺醒，眞的耶！資產100萬的人，他的朋友們大約也是100萬左右，有1間房子的人，他的朋友們也大多有1間房子，而使用信用卡迴圈利息的人，他的朋友們幾乎都處於負債的邊緣或狀態。

接著成功大師要大家分組彼此就剛剛所寫來的內容加以討論自己的心得，原來他所要傳達第1個最重要的觀念就是中國古老的重要思想——「物以類聚，人以群分，近朱者赤，近墨者黑」！醫生的朋友們，通常也都是醫生；TAXI司機的朋友，通常也都是TAXI司機；億萬富翁他們的朋友通常也都是億萬富翁；當老闆的人，他們的朋友通常也是1位老闆；得SARS的人，他的家人也會很快被傳染，因爲人跟人之間本來就會互相的影響，尤其是言語和思想的傳染力是極爲驚人的。

你爲什麼會抽煙？因爲是你的朋友拿煙給你抽；

你爲什麼愛打牌？因爲你的朋友常常找你去打牌；

你爲什麼買賓士車？因爲你公司的主管或同事也買賓士車；

你爲什麼會去讀MBA？因爲你的兄弟姊妹或朋友也讀MBA；

你爲什麼渴望有百萬或千萬年薪？因爲你看到身邊有人跟你做同一份工作，卻有如此耀眼的成績。

成功大師說：每個人都有250位朋友，他們分別出現在兩種場合：

一個是你的婚禮，一個是喪禮。而這些朋友有80%是對你毫無幫助的，他們通常不會給你正面、積極的影響，當你渴望有任何作爲的時候，他們通常會澆你冷水，告訴你種種的壞處和各種失敗的可能。有20%的朋友，他們是屬於較積極的，會給你正面的影響，而有5%的朋友則會幫助你，重大改變你的一生！所以，你對朋友們不該一視同仁，你應該花80%的時間跟那些會重大影響你一生，那5%的朋友在一起。

當我們都討論完那篇〈與我們最親近10位朋友的財務狀況〉後，成功大師說：若我們想要改善我們的財務狀況的話，那1年至少要做1次檢討，每隔1年要重新寫下我們最親近的10位名單，因爲要花多少時間和別人相處，是我們可以自行決定的，然而我們的朋友同樣是我們自己所選擇的，想想看，若你身邊的10位朋友，他們不是身價億萬就是千萬，那過5年之後，你的身價會是多少呢？

也許你會問：「我那麼不起眼，我只是一個小角色，那些身價千萬、億萬的富翁爲什麼和我交往呢？」

是的，大多數人都不習慣跟比他成功或比他富有的人在一起！但若你想要改變你的財務狀況，那你就會想辦法多結交一些會賺錢、會規劃自己財務的人爲朋友，通常1位企業家或億萬富翁他們最想結交的朋友，除了其他的企業家之外，就是律師和會計師或財務顧問，不然就是醫生，因爲有錢的人會喜歡跟有知識、有專業的人在一起，因爲這樣有錢的人會變得有知識，而有知識的人也會變得有錢。

有錢的人大多剛開始也是一個不起眼的小角色，微軟的創辦人比爾蓋茲BillGates，大家都知道他讀哈佛大學，中途休學，在自家中的車庫開始創業；戴爾Dell電腦的總裁MichaelDell也是在大學宿舍開始創業；臺灣經營之神王永慶從賣米小弟做起；揚名國際的《臥虎藏龍》大導演李安，之前也在家中苦寫劇本10年，靠朋友的接濟，他們大多都接受過貴人的幫助或提拔才會有今日的成就和影響力，在有今日的地位之前，他們眞的也是不起眼的小角色，不同的是他們擁有夢想、擁有雄心壯志。

你可以這樣說：您好！我是某某人，我聽我一位朋友提起，您在方面有過人的成就，是否能請教您最重要的3個關鍵是什麼呢？我是否能請您用餐？你最喜歡哪間餐廳呢？大多數的人都喜歡跟別人分享他們的成就，當你能認同他的成就，甚至點頭、做筆記、帶答錄機〈筆〉去錄下你們談話的內容，我相信你會獲得超乎你想像的結果！

朋友會直接且深刻的影響你，影響你上進也可以影響你墮落，甚至可以說：「我們的命運不是掌握在自己手裡，而是掌握在我們的朋友手裡！」

爲什麼會合夥創業？因爲朋友的影響。

爲什麼會結夥搶劫？因爲朋友的影響。

爲什麼會去飆車？因爲朋友的影響。

爲什麼會去打麻將？因爲朋友的影響。

爲什麼渴望賺錢？因爲朋友的影響。

爲什麼穿鼻洞、舌釘？因爲朋友的影響。

爲什麼要吸毒？因爲朋友的影響。

爲什麼要出書？因爲朋友的影響。

爲什麼要愛喝茶或喝酒？因爲朋友的影響。

爲什麼會去做安利或保險？因爲朋友的影響。

爲什麼會有這種或那種習慣？因爲朋友的影響。

伍思凱有1首非常成功的歌叫「分享」，有一段歌詞是：「與你分享的快樂，勝過獨自擁有至今我仍深深感動……」

請問你的朋友究竟都「分享」些什麼給你呢？

他們的「分享」對你造成什麼樣的影響？

你是否深刻的感受到我們的命運掌控在朋友的手裡？

你又分享些什麼給你的朋友？

有5%的朋友會幫助你，重大改變你的一生，花點時間認眞找出你的貴人，跟緊他！祝朋友們幸福！

感恩是深層次的滋養

對於最後的存在來講，沒有感恩，也沒有不感恩。但對於靈性的成長來講，感恩是必要的。因爲感恩是深層次的滋養。

對整個存在懷有深深的感恩，將使你在大存在的背景上沒有恐懼；對細枝末節懷有感恩，將使你生活的安寧、幸福而優雅。

感恩來自你對整個存在的覺知，如果你沒有那個覺知，你無法有感恩生成。感恩並不是隨便的行爲——你想感恩就感恩，你不想感恩就不想的事。

感恩源於一種很深很細的覺知。整個感恩就是基於對神的覺察而來。如果你是遲鈍的，將不會有感恩。感恩首先說明你的靈魂是活的，你的靈性是敏銳的……如果你遲鈍，你什麼都不會碰見。

同樣從一條路上經過，有人覺察和捕捉到很多訊息，有人什麼也沒碰見……並非那些訊息不存在未發現，而是你不夠敏感和覺知。

感恩首先源於你的敏感與覺知，否則你不會有感恩。當一個人內在深處沒有感恩時，那麼這個空間就通常被仇恨或恐懼所填滿。

所以，感恩是仇恨的反面存在物，當感恩不在仇恨就在，當仇恨存在感恩就不在。整個基本事實是，能感恩的人一定是覺知與敏感的人，能感恩的人心靈首先是鮮活的和活生生的。

感恩是心靈的職能，感恩本身產生成長的能量。感恩造就內在的喜悅與快樂。一個內在恐懼的人內在肯定無喜悅，一個內在無喜悅的人內在肯定無感恩。喜悅是感恩的副產品。喜悅是感恩的正性分泌物。

所以，有感恩的人是喜悅的、柔軟的和活生生的。

內在毫無感恩的人有兩種：一是活著的神，二是活著的死人。那個活著的神就是那個開悟或成道的人，而那個活著的死人就是內在有深厚而廣闊的恐懼的人。要麼你是個成道的平靜的覺知者，要麼你是個喜樂的感恩者——否則你無法過上超越的生活。你只能在靈性的水平面下掙紮或痛苦的生活。拿起你的雙掌，深深向整個存在感恩或鞠躬，全身心的虔誠地投入，來覺察你內心中的流動；或者把你的右手按在你的心臟位置，向整個存在鞠躬——來首先訓練你對整個存在，你對那個存在整個的感恩……

對於感恩，頭腦是個障礙者。頭腦是個十分的挑剔或刻薄者，頭腦無法生成感恩，感恩只能由心達成。整個頭腦和心在廣闊的外部一直是對立的——所以，當你無法忘記頭腦時，感恩很難自動浮現出來。整個頭腦是對心的一種監控與抑制，所以清醒的頭腦無法有洋溢的感恩能量。你無法體會到感恩對你的恩惠，那是因爲你的頭腦一直是一個強大的自我主義者。你的頭腦二十四小時在監控你的一切行爲，你沒有辦法來讓自己的心出來跳舞或感恩。感恩是高層的祈禱，是反面的懺悔——感恩對人類心靈的幫助，優於祈禱與懺悔……所以一個能一直處在感恩中的人是不需要祈禱與懺悔的。因爲整個感恩是祈禱的深層，是懺悔反面。感恩決不是隨便而簡單的生成，如果你內在沒有豐富和敏銳的「感」，你無法有「恩」生成。除非你去掉頭腦，否則感恩無法光顧你的內在空間。整個「感恩」是基於「感」，基於「心」而形成的。如果沒有這個因素和能動器官裝置，「恩」無法被形成。感恩是心的思維產物，正如思考是頭腦的思維的產物一樣。心的思維生成是能量性質的存在，而頭腦的思維則往往是物質化或邏輯化的形式存在，它並非是能量式。心有心的思維，頭腦有頭腦的思維。

深深感恩吧，感恩是靈性之花的張開，感恩是靈魂的微笑。一個內在沒有能量的人無法開花，一個內在無法開花的人不會有感恩。所以，整個感恩就是一個內在的花朵的張開，一種內在魂魄的微笑。感恩在滋養著感恩的人——這點只有在感恩的人知道；它正如仇恨正仇恨著仇恨的人，它也只有仇恨者本身知道一樣。讓我們內在充滿深厚的能量，讓感恩深深養植你的靈性之花。感恩首先恩惠的是感恩者本人，其次才是他周圍的人——這正如蠟燭點燃，它首先照亮自己，然後才是它身邊的存在一樣。來朝向整個存在，讓能量在你心裡面升起吧，讓感恩培育靈性之花。

尊敬的諸友，來聆聽我的闡音，讓我的聲音抵達你的心——感恩是深層次的滋養——讓它來滋養你曾經乾癟的靈魂！每個人的靈魂本來是一塊營養豐富的水草地，但由於多年你缺乏能量生成的意識和方法——由於缺乏感恩和感恩意識——它曾經荒蕪和乾癟，來，現在來重新用感恩之能量使它再度豐茂與旺盛。這是你的責任，這也是你的愛。指向別人的愛是一種責任，而指向自己的責任則是一種愛……

尊敬的諸友，讓感恩把責任與愛連接，讓感恩將責任全部能量化。來讓你的內心充滿充足的能量，猶如讓水庫中的水蓄滿水庫一樣。讓它裡面的芳草茂盛，猶如那肥沃的土壤中的植被一樣。

清華研究院女子學堂班畢業

強效的方法：感恩

現在你要如何開始扭轉人生呢？最首要的是，開始列出讓你感恩的事。這會轉變你的能量，並開始改變你的想法。在這之前，你可能把焦點放在你欠缺的事物、抱怨和難題上。做了這個練習之後，你將走上不同的方向，你會開始對每個讓你感覺美好的事物感恩。

「如果『感恩能讓你的整個心靈，更接近與宇宙創造能量和諧一致的狀態』，對你來說是個新的思想，那麼請好好地思考一下，你會明白那是眞的。」

「感恩絕對是讓你的生命更加豐富的方法。」

每個男人都知道，當太太對他所做的小事表達感激時，他會做什麼？他會想爲太太做更多。一切都與感恩有關，感恩會把事物牽引進來、吸引支持的力量。

只要是我們所想、所感恩的一切，我們就會把它帶來。

對我來說，感恩一直都是非常有效的練習。每天早上起床我就說「謝謝您」；下床的時候也說「謝謝您」；當我刷牙、做著早上的事情時，也開始對一連串的事物表達感激。但我不光是想一想、當作刻板的例行公事而已，我會把它營造出來，去感受感恩的感覺。

我永遠忘不了我們拍攝詹姆士。雷分享他的「強效感恩練習」的那天。從那一天開始，我就把詹姆士的方法用在我的生活中。每天早上，除非我感受到了感恩的感覺——對這嶄新的一天，以吸對生命中我所感激的一切——否則我不會起床。然後當我下床，一隻腳碰到地面的時候，我會說「謝謝」；換另一隻腳碰到地面時，則說「您」。走到盥洗室的每一步，我會說「謝謝您」；在我淋浴和整裝的時候，我持續地說著、並去感覺「謝謝您」。當我準備好迎接這一天時，我已經說「謝謝您」上百次了。

當我這麼做，我就是在強而有力地創造我的一天和當中的事物。我是在設定這一天的頻率，並且有意地宣告這一天我所要過的方式；而不是踉蹌地離開亭，讓這一天掌控我。開始一天的生活，沒有比這更有力量的方法了。你是自己生命的創造者，所以，開始有意識地創造你的生活吧！

歷史上所有偉大人物的基本教誨之一，就是「感恩」。華勒思。華特斯在一九一〇年寫下那本改變我一生的書《致富的科學》（The Science of Getting Rich），該書最長的篇章，就是〈感恩〉那一章。所有在《祕密》裡頭擔任主角的導師，也全都把「感恩」當作他們生活的一部分；他們大多數都是以「感恩」的思想和感覺，做爲一天的開始。

一位很傑出、成功的企業家喬。史格曼，在看過《祕密》影片之後與我聯繫。他告訴我，「感恩的方法」是影片中他最喜歡的部分；而且他一生的功成名就，全都歸功於運用感恩的方法。隨著他所吸引來的成功，他每天持續運用感恩的方法，即使最小的事物也不例外。當他有車位可停，他總是會說出、並且去感覺「謝謝您」。他知道感恩的力量與其所帶來的一切，於是感恩就成了他的生活方式。

所有我讀過的，以及所有我在生命中運用這個祕密的經驗，感恩的力量都勝過其他一切。如果在這祕密的知識當中，你只想做一件事，那麼就去「感恩」吧，直到它成爲你的生活方式爲止。

一旦你對自己已經擁有的事物有了不同的感覺，你就會開始吸引更多美好、讓你可感激的事物。你本來也許會看看周遭，然後說：「我沒有我要的汽車、沒有我要的房子、沒有我要的配偶、沒有我要的健康。」噢！倒帶、倒帶！這些全都是你不想要的。把心思集中在你已擁有、而且讓你感到感激的事物上。你感激的或許是擁有閱讀這些文字的眼睛或者是你的衣服。是的，你或許比較喜歡其他的東西，但如果你開始對現在擁有的一切感到感激，你也會很快得到其他東西。

「許多人以各種方式將自己的生活安排得很好，但卻仍活在貧窮之中，只因他們缺少了感恩。」

想對您說的三個感謝

我們就要和2022年說再見了，所以「想對您說三個感謝」。

第一個感謝，謝謝您讓我走入您的生活。做您的朋友，或許我不是您最精彩的，但是我總是盡力做到最好。

第二個感謝，謝謝您願意走進我的生活，扮演朋友的角色，或許您不是唯一的，但卻是我生命中精彩的部分。

第三個感謝，謝謝您這一路走來，很多的包容、安慰、關心，支持與鼓勵。感恩您。

誠心祝您新年快樂，平安開心，幸福每一天直到永遠！！

愛就是用對方能接受的方式來給予

愛是什麼意思？

專家們向一群4—8歲的兒童做了一個調查，要他們解釋愛的含義。孩子們的答案的深度和廣度超出了成人們的想像。以下是這些小孩的回答：

「當我的祖母得了關節炎，她無法彎腰塗她的腳趾甲，我的爺爺便會幫她做這件事，即使當他的手也得了關節炎也不例外。那就是愛。」——Rebecca，八歲

「當一個人愛你，他說你名字的方式會不一樣。你就知道你的名字在他的口中是安全的。」——Billy，四歲

愛的本質

一旦知道眞正的你是超越身、心、情緒和感受的，甚至還有更深的東西是你所不知道的，那麼你的人生觀一定會改變。

譬如你終生都在尋找一個能夠愛你的人，最後卻發現自己的本質就是愛，如此一來你還會去追求愛嗎？只有憑著從洞見之中所產生的慈悲和愛，才能消融掉這座監獄。這就是爲什麼我們會渴望找到一個愛人的原因，但企圖找到一個能夠愛我們的人或者試圖去愛某個人，仍然是錯誤的方式。

親子關係課堂——愛我從懂我開始

其實愛便是我們的本質。心中的愛一旦生起，疆界感就不見了。每一個人的意識本身就是愛，而這份愛跟界限是毫無關係的。最後你會發現你即是愛，而且每一個人都是愛，這樣你就不需要去競爭，也不需要再恐懼任何人了。當你把某個人當成他的身體時，才有排拒他的理由；一旦發現那個人就是愛的本身，你還有排拒的物件嗎？排拒某個人就等於在排拒自己，愛某個人就等於在愛自己。你的意識能夠覺知自己這個個體，覺知自己受到了身體和皮囊的限制，覺知自己的內在有個世界和複雜的歷史，裡面充斥著恐懼、痛苦及欲望。這個能覺知一切的意識便是愛。

你不允許自己看見這整個情況，而把自己當成了一個充滿著意見、思想、論斷、偏好、歷史和互動關係的個體。當你看到這個個體時，你要觀察一下那個正在觀察的到底是誰？其實那就是你的意識本身。意識才是眞正的你，亦卽愛的本身。

愛自己的藝術

愛自己，全然地接受你現在的自己

你能以許多方式愛自己，而每一件發生在你身上的事，都是一個體驗愛的機會。當我們以正確觀點來看時，其實任何一件事都能提供一個愛你自己的機會。當事情似乎有違於你時，它們只是將你原可運用的力量受到阻擋的情況讓你知道罷了。我確信如果我請你們列出一張表，寫出那些你可以做的，對自己是充滿愛的事，你一定可以想出很多。

也許有一部分的你會提醒你，你並沒有實現那些事，於是一場鬥爭就開始上演。這個內在戰爭會耗損你的能量，而認爲自己做錯事，並非運用能量的正確方法。

愛你自己意指，全然地接受你現在的自己。

這合同沒有例外，它是你自己同意要欣賞、確認、接受並支持此刻的你。它意指活在當下。

你們許多人抱著遺憾來回憶過去，想著你如何能以一種更高善的方式來處理那樣的一個情況，並想像只要你能夠做好這件事或那件事，那麼事情一定會有更好的結局。有些人的著眼點在未來，而使得現在的自己似乎是並不適當的。

如果你能記得過去你成功的那些時候，那麼你的過去就能在你創造正面記憶時幫助你，而未來可以是你的朋友，如果你在想像未來時，能勾勒出你正在創造的下一步的視象。不要因爲你尚未達到而責怪自己。毫無保留地愛現在的自己是很重要的。愛自己是超越執著和不執著的。你們活在物質的身體裡，而每個人都有一個你們稱之爲「我」的焦點。而你們正是因爲被賦予了「我」，所以你們就能夠從更大的整體分離出來，來體驗存在的一個特殊部分。

直到現在爲止，所有你們經驗過的每件事，都是你此生要來要學習的。不論你將這些事件標示爲好的或壞的，它們都是組成你的存在、你的獨特性及你的目的的一切。如果你們能夠從我的觀點來看自己，你看見的自己將會像是一塊多面的水晶。

你們每一個人都是全然不同的，一個能量獨一無二的組合。每一個人都是美麗、獨特、世上唯一的，就如同每塊水晶一樣。你以一種獨特的方式反映光，因此你的靈光（aura）不同於你四周的那些人。如果你能欣賞自己的獨特性，看出你已然選擇的道路與任何其他的人不一樣，你就能更容易超然於別人的看法，而遵循自己的指引而行。

愛你自己更多的另一個方法就是停止與別人相比。雖然你是整體的一部分，你當然也是獨立的個體，有你自己的路。那些你接受爲你自己的，關於群體和家庭的信仰系統的信念，可能會妨礙你愛自己。也許你聽說「每個人都說靜坐冥想是好的。」所以如果你沒有那麼做，你就會覺得自己挺糟的。愛自己的挑戰就是從別人告訴你的每一件事情站開，問自己：「這適合我嗎？這會給我帶來喜悅嗎？在做這件事的時候我會覺得快樂嗎？」最後，如果這些都成爲你自己的體驗，那才算數。

人有個傾向是，想把另一個人或某件事物——比如一本書——當作權威，而將什麼對你有益的決策力置於身外。跟

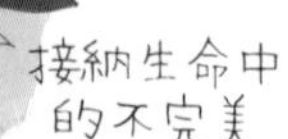

隨老師學習有許多的益處，但只有當你能學習到如何爲你自己取得資訊並達到自己的成長時才能說是有益處。我的存在是要爲你開一扇門；我不希望拿走你的力量，卻是要帶給你力量。當你與你的老師，與任何你在生活中將他當作是權威的人，或與你的朋友在一起時，小心地問詢並聆聽他說些什麼。

也許你會接受他的話，而將這些話當作眞理，你要記得問：他們說的只對他們是眞的呢？或對你也有好處？這很重要。

愛自己，走出罪感之外

這個社會裡有極強烈的罪感。人和人之間的許多聯繫是由太陽神經叢——權力中心——而來的。從那兒人們試圖慫恿、說服、控制和操縱彼此。愛自己是指走出這類的關係之外。想要做到這一點，你們必須放棄罪感。

如果你不與周遭的人玩同樣的遊戲，你也許會發現他們備感威脅。他們要你以某種方式思想和行動，以適合他們的想法，所以他們就試圖借著罪感來控制你。很多父母親都不知道該用怎樣的方式來教育孩子；於是他們借著罪感、憤怒和撤回愛心來統禦他們的孩子。

當你感覺自己是強而有力的，能主導自己的生活時，你能依心而行。但當你感到缺乏控制力，你也許會覺得你必須透過操縱或從事權力鬥爭來獲得你想要的一切。你也許會認爲你必須爲自己的行爲找藉口，或說白謊來呵護別人的感受。當你這樣做時，你不是在愛自己，反之你給你的潛意識一個訊息，卽你之爲你是不足以被別人所接受的。

如果你希望得到自由，重要的是你也不要去操縱別人，給予他們自由。一開始你也許會覺得，如果你將別人能隨興而生活的權力交付出去，你在某種程度上就會失去一些對他們的控制。但你終將在你們之間創造出誠實和愛的全新層次。而若沒有你的這份勇氣以及你願意釋放對別人的控制，這將是無法達到的。

你可以學會對別人的反應以及對那些使你從平靜、清明的中心拉出來的情緒，保持超然的態度。愛你自己表示你以慈悲肯定你自己。當你願意給別人看見你是誰的時候，你爲他們打開一扇門，使他們也可顯露出他們眞正的自己。批判是愛自己的一個阻礙。當你批判別人，你就造成一種分離感。

當你對另一個人有意見，好比你看著他說：「這個人看來像是個懶骨頭或一個失敗者，或衣服穿得眞糟。」你會創造一個訊息給你的潛意識，卽在這世界裡，如果你想要被接受的話，你的行爲一定要合於某些特定方式才行。借著你的批判而排拒別人於門外，你就在潛意識中設下一個訊息，卽你只在某種情況下才會接受自己。這將會導致一個自責的內心對話。同時也會從外在世界帶回許多的負面形象，因爲你一旦送出這些畫面，你就創造一條它們可藉以回來的通路。

看看你送給別人的訊息都是些什麼。你是否懷著愛來接納他們而不帶任何批評或貶損？你向他們微笑嗎？你友善嗎？你讓他們對他們自己感覺很好嗎？或著你不跟他們打招呼，就自己找了個位子坐？如果你接受他們，卽使只是心靈

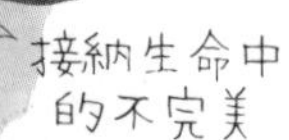

感應式的（在自己心裡），你將能幫助他們找到他們的大我。而且你將會發現別人也用更充滿愛的方式來接受你。你對實相的信念創造你的生活經驗，它能以微妙的方式發生。

如果你認爲人們不接受你之爲你，而你必須取悅他們，你就會將那樣的人帶進你的生活中。你可能會發現你總在朋友感到疲倦而不想付出時見到他們。不管你對朋友或任何在你生活中的人，有什麼樣的信念，它們都會那樣地實現。如果你說：「此人讓人感到溫暖，而且對我很親切。」你便會在你們的關係中，創造出這樣的感受。

要進入自愛更高的感覺中，你可以開始認出你認爲世界是如何運作的。如果你認爲世界是冷酷無情的，或你必須很辛苦才能完成一件事，那麼那個信念就會阻擋在你與自愛之間。信念就是你對實相所認定的眞理。也許你會說：「如果我向人微笑，他們也會對我微笑。」對你而言，這可能是實相，但對別人而言，卻不一定是。

的確，因爲這樣的信念，可能會使你潛意識地選擇只對那些會對你微笑的人微笑。如果你相信別人絕對不會回你一笑，那麼你將自動地選擇向那些絕對不會回人一笑的人笑。如果你想經驗一個有情的世界，並支持你自愛的形象，那就開始看看自己對於這世界，你是怎麼對自己說的。借著改變你的期望，你將能改變你與人及與世界的遇合。

有此一說：「世界不一定公正，但卻很精確。」這指的是你得到的正是你所期待的事物，而且你也相信你將會得到。如果你在一個你明知很難賺錢的行業中工作，而你說：「在我這行，沒有多少人能賺到錢。」你將會爲自己創造那樣的事實。你對現實所抱持的某種看法，將會是你的經驗，這不止是對你的事業而言，也是對你在那行業將會遇到的人而言。你所需要的只是改變你期待的事件，而你將經驗到一個全然不同的世界。

自愛的另一個特質是寬恕

你們有些人總掛在老問題上，一次又一次的在感覺憤怒。也許是對你自己，或對一個有負於你的人。大我瞭解什麼是寬恕。如果有任何你堅持不放的憤怒、傷害、對別人的反感，那你就會將它們保存在你的靈光裡。你生氣的對象會受影響，但還是你受的影響最大。你心中對任何人懷抱的感覺，都會滯留在你的靈光裡。這些感覺像個磁石般地吸引來更多的同樣的事物。寬恕絕對有道理，因為它會洗淨並治癒你的靈光。

愛自己也同時涉及到謙遜，那是由內心而非由自我（ego）的表現。謙遜說：「我是開放的，我願意傾聽。即使我也許沒有聽到所要的答案。」謙遜是個讓你接受更多的特質，因為謙遜意涵著開放。它並不暗示著缺乏自信，卻是對自己有更大的信心和信任自己。只有那些對他們自己是誰感覺很好的人，能夠表達謙遜。

那些表現出最高傲或最冷漠的自信的人，其實正缺乏他們試圖投射出來的那種特性。那些愛自己的人顯得非常親切、慷慨、仁慈，他們以謙遜、寬恕和接納表現他們的自信。如果你認識一些似乎非常聰明的人，他們貶損他人，排斥朋友，使人們對自己感覺很差勁。不論他們說得多漂亮，

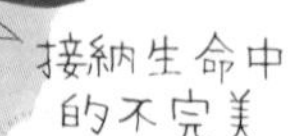

或他們教給你什麼，你都可以很篤定的說，他們並不愛自己。

愛自己涉及對你是誰有信念、信賴和信心而願意據以行事。只感覺那樣的信心和信任是不夠的；你必須在你的外在世界裡，體驗到它。你是一個有物質存在的人，你的喜悅來自在你四周看到那些表現你的內在美的事物，花園、花朵、樹木、你的房子、海洋。這些都是你信任自己而行動，及你以行動遵循你的路和憧憬的報償。

愛自己的終極挑戰就是據以行事，對人們說出你心中的話，並在這個世界上，創造出你的天堂。只是付出及散發愛是不夠的；愛自己同樣也來自接受愛。如果你爲每一個人付出你的愛，但他們無法接受，那麼你的愛將無處可去。借著願意接受人們給你的愛，其實你就服務了每一個人。

你能給別人最偉大的禮物之一：就是開放心懷接受他們給你的愛。在任何男女關係，或兩個同性朋友間的關係，其成功的程度要看每個人能接受對方的愛的程度。即使你付出了百分之百，如果對方只接受百分之五十，那麼你給他的就已打了對折。如果他只回報你百分之五十，而如果你只能收到其中的百分之五十，那麼你得到的只有百分之廿五，以此類推。結果是，你們由彼此體驗到愈來愈少的愛。

若你想在生活中體驗到更多的愛，要願意接受別人的禮物、愛、友誼和支持的表示。如果每一天你想將你的大我帶進你的生活，而增加你對自己的愛，那麼你不妨找一項靈魂的特質，當你有時間時，就讓自己想這份特質。這些特質有些是：和平、感激、謙遜、和諧、喜悅、感恩、健康、豐盛、自由、寧靜、力量、正直、尊敬、高貴、慈悲、寬恕、意志力、光亮、創造力、優雅、智慧和愛。

借著思考或冥想這些特質，你會將把它們吸引到你的靈光裡，增加它們並使人們能在你身上認出這些特質。你想什麼，你就是什麼。如果你每一天都能挑選一個大我的特質，沉浸其中並與之認同，你所創造的將會是一個你自己的體驗。

愛自己涉及到尊重自己，活在更高的目的裡。當你看重你自己、自己的時間、愛和憧憬，別人也會如此做。

在你與朋友會面之前，自問你們在一起能創造的最高目的是什麼？你曾不曾到別人家裡，心裡實在想走，卻又猶豫不決，不想傷別人的心？如果眞是如此，你不就是將他看得比你自己更重要嗎？冥冥之中，你在心靈感應的層面上，帶給他不必尊重你的時間或你這個人的訊息，那麼不久之後，他認爲你理當如此，就沒什麼好訝異了。

每當你看重、尊敬你自己，對你自己是誰說實話，採取適當的行動，你不但會使自己演進，同時也會因爲你的示範而協助別人。不能對別人說「不」反映了一種世界觀，即別人的感覺比你的還重要，他們的權利比較重大，應予優先考慮。當你這樣做時，你將會在內心創造能量封鎖的狀況，其中貯集的憎恨、憤怒和傷感，全滯留在你的靈光裡，而引來更多同類的事物。

自愛發自你的內心，溫柔待人，無條件的付出你的愛。有些人以爲自愛意指強有力的行動，以侵略性的方式運用意志力而否定別人的權利。你見過那種人，他們遂其所願，而

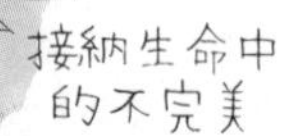

一點都不在乎他們對別人的影響，你稱他們無情殘忍。而常常以相同的方式，你對自己也是具有侵略性的，一部分的你主宰、控制了你的其他部分。

有時候意志力表現得像是個敵人，試圖強迫、指揮或強要你做某些事情。就像是你的父母，站在你頭上。把事情弄得更糟的是，你也許以爲它試圖強迫你做的事，是爲了你最大的好處。比方說吧，你可能經常會貶低自己，原因是你認爲自己沒能夠更有條理，或一再的拖延，不肯開始做你要做的事。你也許列了一張長長的清單，寫滿了你該做的事，而如果你沒有照著做，內心就覺得很慚愧。你將意志力當作是對的，而認爲另一個在抗拒意志力，使你不做某些事的自己是錯的。

在這個案例中，你在使你的意志力對抗你自己。這抗拒也許是你的大我製造出來的，他讓你不去做某些事，並指引你走向其他的路徑。如果你意志力能和你的心一齊應用，幫助你遵循一條你熱愛的道路，那麼你的意志力將能夠幫助你增加你對自己的愛。意志力可以指引你的焦點。當意志力與你愛做的事結合起來，一切的可能將是無限的，而你可以超越的界限也是無限的。

你曾不曾注意過，爲什麼當做你愛做的事，比如你喜愛的嗜好，你能夠一次做幾小時，而且能很容易地對使你分神的事說不？意志力是一種力量，就像是一條河，你可以順流而下，或試圖逆流而遊。你能用它來召喚、邀請自己走向更高的路上，或者，你也可以持續不斷地爲自己明顯的踰越界限而處罰自己。

那一個系統提供你前進的動力？你的意志力是否會借著使你將焦點集中在你更高目的之路，並創造行動的意圖和動機，來幫助你增進對自己的愛？最後卻非最不重要的一點，別把自己太當眞，嬉笑、遊戲。如果某些事不太對勁也非世界末日。

幽默這特質也許是走入自愛的最大門戶之一。笑、對別人微笑，及將問題放遠一點來看的能力，是一個演化的技巧。那些來自於自愛的更高層次的人，常是幽默的，口角春風，喜歡將別人孩子氣的調皮模樣引出來。他們很願意是自然而隨性的，常會找到理由微笑，總是有辦法讓別人感到輕鬆，而使他們對自己感到快樂。

下周，當你看你生活中的人時，問你自己（不帶批判地）：這些人愛他們自己嗎？如果你跟他們相處有困難，看看問題所在，自問，在那方面他們是否愛他們自己？送給他們慈悲，供他們在以任何方式創造他們的最高善時，能被運用到。享受你方才送出去的愛，就好像它回到你身上，供你能運用在你的最高善之上。

遊戲練習——愛自己的藝術

如何知道自己是以愛自己的方式在做事或思考？

如果你做的每件事都是一種自愛的行動，那麼你的明天將會是怎樣呢？

如果你在以下的範圍：你的身體、你的親密關係、你的工作或事業各方面你都是自愛的，那麼你的行爲將會是怎麼樣的？

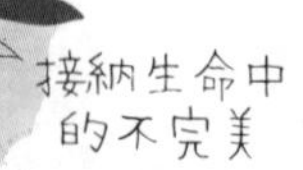

如果在你的關係、工作和你的身體三方面，你都是愛自己的，明天你要做什麼？

列出在這三方面，你要做的三樣明確的事。

愛：明白心的智慧

愛是宇宙的食糧。它是生命中最重要的成分。兒童向著愛前進，他們在愛裡茁壯、成長，一旦缺乏愛，他們都將死去。

愛是環繞著世界的能量；它存在於各個地方，在每一件事物中。生命中沒有一面不涉及了愛，甚至在最黑暗的一刻，其內也含有愛的成分——對愛的需要，愛的欠缺，或創造更多愛的願望。

在這個星球上，有這麼多的能量都被導引至擁有、得到愛，然而，存在于這文化及其他的每一個文化中，許多關於愛的思想形式，都認爲要擁有愛是很困難的。在談到愛時，我想談談一般人對愛的想法。

人們對某事的想法，你們能以心靈感應方式得到，所以當你想觸及到愛，你也會被拉進全宇宙愛的散播裡（連同所有與愛相關的群體信念）。愛是存在於身體裡、情緒上、乃至於在靈性領域裡的一種感覺。

愛可說是一種無所不在的力量，可以當作是將原子之內的粒子拉在一起的一個要素。它是種像地心引力或磁力的力量，但直至目前爲止，它仍未被認爲是那樣的力量。在最高的層次裡，愛可以被表現爲一個超高速旅行的原子，因爲眞是快得令人無法想像，所以它可以即刻出現在每個地方，而變成所有的一切。

你們全都致力於達到愛的更高形式，但許多人卻都困在

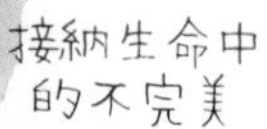

人們對愛的一般思想形式裡。想像一下，對於你能吸收多少愛，存在著一個障礙——就如同光速，也有一個極限。一般人都認爲不會有什麼能比光速快，然而是有的，雖然在你們的宇宙中，仍未被瞭解。

愛也是一樣。在地球層面上，也同樣存在這樣的一個愛的極限，全人類所能觸及到的愛，有一個最高表現。然而，甚至更多更多的愛，都是可能的。你們所知的所有偉大的上師和導師都扮演著一個媒介——愛的一個次元——將更多的愛帶到地球的層面上。

擁有這份愛會是什麼樣的一種感覺？你又如何能知道自己擁有這份愛？你們全都體驗過那份愛。你們有些文字和辭彙談論到「愛」是什麼，但是你們都知道：「愛」是超出這些文字或思想的。它是一個經驗，一種瞭解，一個與人、地球、乃至於你與大我之間的聯繫。在你相關的每一件事裡，都存在著一種努力，想觸及到你與自我的更高關係。

人們常透過他們愛的講臺，提供你一個機會認識你的大我，以及你更好的自己。似乎當你努力求得更高境界的愛時，人格彷彿會經常以其猜疑、恐懼和期待等等想法進來插上一腳。要擁有更多的愛，你必需要打破所有的限制。

你能增加生活中的愛；借著看得更遠，放掉過去的模式，並相信現在的你比過去的你更有能力去愛。另一個擁有更多愛的方式，就是向回看。回憶起你堅強勇敢、充滿了愛與光亮的那些時候。如果你回憶過去那些不成功的時刻，你將會在現在的關係中，創造出過去的那些限制。對大部分的人來說，愛帶出什麼呢？在群衆的層面上，愛帶出許多形式的畫面。在關係中，它帶出承諾、婚姻、慶祝和儀式。在家庭裡，愛帶出照顧別人，被人照顧，依賴和獨立。愛帶出依附與超然。

在人格層面上，愛常常帶出它的反面——恐懼。你們這些已墜入愛河或對愛有過深刻體驗的人，只要是你後來反悔或退縮，你就想離開那個人或收回你的愛。你的人格介入你們之間，而總是將他心中的猜疑和憂慮說給你聽。付出你心中對這個人格的愛，並安撫他，你就能處理好這件事。

每次當你走入一扇充滿更多愛的門，進到愛的一個新境界，你總會將沒感受到被愛的那個部分，帶到表面來。可能你會將這個部分，轉移到別人身上，怪她離開了你，或造成某個使你無法那麼愛他的情況。但他是在你之內的，是你造成這樣的退縮。當遲疑、恐懼或失望升起時，不要責怪別人，你不如向內看，自問：「是不是我有一個部分，在製造一個令我感到害怕的理由？」如果你向內看，而跟這個部分說說話，如果你向他保證，害怕並沒有錯，並告訴他你正走在光明的新旅程，你一定可以在這愛的地方走得更長更遠。

想像有許多心靈感應的訊息，存在於你們的星球上，不論你在想什麼，你就會與那些想著同樣事情的人調到同一個頻率。現在，如果你想到愛，想到你是多麼的被愛，而在宇宙裡有多少的愛啊，你心中又感到多麼的輕快，多麼的喜悅，那麼你就會接上存在於這份愛的心靈頻率中的所有人。當懷疑出現，它就將你的思想和振動，調到跟住在那個恐懼層面上的人一樣。不要說那樣的思想錯了，但也不要在上面逗留。

不要將時間花在思索爲什麼某件事做不成，你應該將焦點集中在如何才能做好這件事，還有你能給你的孩子、雙親、朋友、以及那些你深愛而親密的人，多少的愛。愛超越了自己你們全都經驗過深沉的愛，在深沉的愛中，你能將你的人格，自己的需要和願望放在一邊，而去幫助別人。愛是一個以一種能量形式存在的地方，當你對任何人有一份愛的思想，你都能夠汲引愛的能量。你很直接的就能將自己的振動提高。有許多高靈——就像我及那些在這個層面工作的——都將愛的焦點集中在地球上，所以你們每一個人所感受到的愛，可能都會因此而擴大。

任何時候，如果你們都能從你的最深本體裡將無條件的愛表達出來，而且在任何時間都能接受無條件的愛，你會同時幫助很多的人達到「無條件的愛」的境界。更高境界的愛，是絕對的慈悲，而且完全超然的。它看見人們生活中的更大畫面，不將焦點集中在你想要從他們那兒得到什麼，而是放在怎麼樣才能幫助他們，使他們在任何方面，都能達到他們最高善的呈現與成長。愛是專注在事情要如何做，才能爲人們服務，並且在你這麼做時，想到自己要如何做才能服事自己的成長及更高目的。

愛開啟了每個人自己的成長與活力之門。你都曾見過當你置身愛中時，你是如何的擴展了自己的活力，不論你愛的是誰，一個小孩、你的父母或朋友。對來到這兒協助人們的我而言，我的喜悅來自於——看見花朵的綻放，看見那些聽到我的訊息的所有人，其生命中的成長，並且能更加的愛他們自己。那能量回到了我這裡，而且被放大了許多倍，因此我一再的在傳播愛的工作上，得到更多的協助。

想想你的明天，你會有怎樣的一個明天？明天你能夠做什麼來表達你對別人的愛，或讓自己體驗到更多的愛？感謝別人或感謝自己，是另一個體驗愛的方法。花點時間欣賞你見到的每個人並送給他們一種愛的感覺，將會改變你的生活，而且會快速升高你的振動頻率。將自己託付給愛的觀念，愛將被帶來給你。你不必掉入人格的層面，而對自己說：「這樣的情形會不會持續？會成功嗎？」

反之，就在此刻問自己：「我如何能加深這個關係中，我所擁有的愛？」愛在「此刻」運作，借著在「此刻」將焦點集中在愛之上，你能將愛送到你的未來，並釋放到你的過去。如果你存在於一份愛的感覺裡，如果你能在你做的每件事裡發現愛，藉由你的觸摸你的言語，你的雙眼以及你的感覺將愛傳送出去，你能以一個愛的行爲，消去數以千計之本質較低的行爲。

你可以幫助這個星球的轉化。要改變人類的命運，其實並不需要很多人都將焦點集中在愛之上才能達成，因爲愛是宇宙中最充滿力量的能量之一。愛要比憤怒、憤恨或恐懼強上好幾千倍。用點時間想出能運用你送出的「無條件的愛」的三個人，將愛送給他們。想像有三個人，你願意從他們那兒接收到無條件的愛，開放自己的心來接受愛。

你能不能想像，如果你的心是開放的，而不論你走到那兒，你都信任別人，都能很放鬆，很怡然自得，也知道宇宙是友善的，那將會是怎樣的一種感覺？如果你相信你的內在指引對你都是溫和而仁慈的，而且，不論你走到那兒，人們都在送給你愛，而對每個人你都傳送出一束環繞自己的愛的光芒時，你的生活將會有怎樣的流動？如果不論別人跟你說什麼，不管事情後來會如何呈現，你都能從中認出愛，或認出隱藏在背後對愛的需求時，你的生活將會產生怎樣的改變？你將經常能跟我一樣，能看得更深遠，確認並感激在每個存在體之內的愛。藉由你對愛的確認，你將會帶出愛來，並將愛吸引到自己身上。

今天，當你再一次面對這個世界時，覺察到自己如何能透過你的雙眼，你的微笑，你的心，甚或通過一個溫柔的觸摸——如果是合適的話——來表達你心中的愛。你們像是整個團體般的來到這地球，你們所有人都能送出一種充滿高善的愛的感覺，愛的思想形式，而提供給每一個人。在今天接下來的時間裡，活在你心中。體驗愛即是你，而當你這麼做的時候，開放你的心，接受別人對你內在美麗的光與愛的感謝。

遊戲練習——愛：明白心的智慧

1. 過去當你想到某人及或與某人談話，或當你送給他愛時，你能感受到一股愛湧現出來。至少列出三次。
2. 想起三個能運用你的愛的人。回想在1. 的那份愛的感覺。將愛送出去給這三個人。
3. 寫出三次當你收到某人送給你出乎意料的愛。
4. 明天你能做什麼，藉以表達你對某人的愛，而令人感到驚訝、感到欣喜？！

用任何字眼來形容愛

用任何字眼來形容愛，只會讓她更模糊與混淆。

她常被意指爲，感覺除了恨與憎惡以外的東西。她包含了每一件從愛霜淇淋到愛交響樂的事物，從溫柔的共鳴到最親密熱情的感覺。

人們感覺到愛，當與某人「陷入愛河」，他們稱之爲依存的愛，而同時也有了占有欲。

事實上，他們相信世上沒有其他事物比去愛更容易了，而此具爭議性的謊言在於如何找到正確的對象，於是他們無意找尋在愛中的幸福，歸因於自己老是沒有找對伴侶的好運。

但是將這些所有混淆與一廂情願的想法反過來看，愛是非常特有的感覺；每個人都有愛的潛質，她的領悟卻也正是最艱巨的成就之一。

愛根本就不是關係

很多人都通過頭腦來愛，於是愛被製造成一種關係，很多人都以為愛就是那個關係，那個關係就是愛。不對，很多人都被埋進了這個假像裡。

愛根本就不是關係。關係是頭腦辨清事物的邏輯。愛是一種心的感覺。它的本質是一種體驗，一種對能量的體驗。愛是一種能量，當這種能量流經你時，你能被感知到，於是愛被覺察，這就是愛。——你「認為」你很愛他，或者她也很愛你：不，不，那不是愛。愛根本就不是「認為」。愛是一種實實在在的能量和對能量的感知。你給予別人愛，你是給予別人關係嗎？根本就不是。你愛別人，是你跟別人創造一種關係嗎？也不是吧，所以說，愛根本就不是一種關係，它是一種能量和一種對能量的感知。

有人常常會說，你一見到他或我一接觸她——就有一種觸電般的感覺，一股電流傳遍全身。是什麼傳遍全身？難道是那個關係傳遍全身嗎？不對，絕對不對，是一種能量傳遍了你的全身，它就是另一種電流，一種實實在在的能量。不，愛由靠關係來接觸。不過，關係是電線，而愛是電線裡面的電流。愛與關係就是這種關係。這是個很明顯的道理，憑大家的聰明會一下子就明白。

很多人都唱愛的苦，或覺得愛是痛苦的——不對，那是那些人被「電線」所纏的苦，所拽或所牽拉的苦。他們肯定是在用頭腦來愛。不是用心。因為電線裡面的電流不可能去糾纏住一個人的自由或身體，只有電線能綁住人，電流沒法捆住人。電流只能把你擊倒或擊誇。所以，那些唱愛是痛苦的人或那些感覺愛是束縛的人，根本沒有在愛，也沒有感知到愛——他們是在用頭腦製造一種關係。他們是把自己的感知用在電線上而不是用在電線內部的電流上，因爲他們根本沒有用心來感知那種能量。——雖然他們不斷地叫說著自己是用心來愛的，用心來對對方的，不是那麼回事：那是他們嚴重的錯覺——頭腦的錯覺，頭腦製造了一種感覺讓你覺得那是心的，那是心的感覺或從心上發出的願望或感覺，其實根本就不是那麼回事。如果你用心來愛了，來感知了，那麼你覺察到的只是那個能量，那個線裡的電流，而非電線了，而非關係了。關係是頭腦的拉攏。而愛卻是心的電流在流動。

所有感覺愛的苦的人愛的累的人都應該來開始覺察你們存在的實質——到底你們是用心來愛還是在用頭腦來愛？你必須發現你們之間的眞相，否則，你們就在愛的虛假或愛的光影中在愛，在談愛。你們的頭腦喋喋不休的討論愛，思考愛——其實你們在錯過愛。因爲愛根本就不是討論和思考——它恰是沒有討論和思考；它恰是沒有討論和思考時才碰到，才發生。誰思考愛，誰討論愛，誰就將錯過愛。愛是讓頭腦關閉，讓心貼上去觸摸與感受。愛是碰到那個流那個能的到來，不是用你的頭腦來識別愛和什麼是愛的。

你一定要清楚，所有人類的累之感，皆是由於頭腦的過分妄行所致。頭腦不停地忙東西忙，弄這弄那——它不給你帶來累誰給你帶來累？所以，我幾乎可以敢判定，所有那些感覺到愛的很苦很累的人——沒有一個是用心來愛的，幾乎無一例外的都是在用頭腦「交涉」一種愛的問題。這就是頭腦的假像，他們恰都落入了這個愛的假像當中。所以，藉由我的話，你必須清楚和明白了這一點。我曾一再強調要丟掉頭腦，實際是這中間仍然有個祕密在這個簡單之中，那就是你必須利用頭腦來丟掉頭腦。實際很多偉大的到來，並非一定要通過身體靈魂的實修來達到某個境界，你完全可以借助頭腦來引路，然後心直接跳入其中便可達成那個很美的在中。

事實用實修的方法來達到那個境界恰是一種最緩慢最笨拙的方法。你的頭腦雖然是個壞傢夥，但恰是壞傢夥是最對你有幫助有價值的東西。如果你放著你現成的聰明的頭腦而不用，卻在一開始就把丟在一邊而另尋它路，這實在是一種不太聰明的舉動。實際上在一個人的修行中，有很多隱藏在簡單中的祕密。但它卻很少被人發現。所謂能不斷地發現那些隱藏在簡單中祕密的人就是一些所謂「悟性」比較高的人吧？其實是沒有什麼祕密的，祕密就在於他們留心於簡單中，發現於簡單之處，還不如此而已？實際來辨析於愛的眞相與假像問題——也就在這簡單與簡單的縫隙之中，而非在複雜繁瑣之中。

每個人都置身愛中。無論他想或不想，願意或不願意。你一生下來就掉入了愛裡，就象你一生下來就掉入這個世界一樣。但到你身邊的愛你往往感覺不到，而你所追求之愛你又往往觸及不到。這就是人類與愛的怪圈。仿佛愛與人類捉迷藏似的。事實上到你身邊來的愛都是直接抵達你心的，而你所求之愛幾乎無一例外的都是頭腦的追逐，頭腦的苦行。給你的心，你的心感知不到，你的頭腦去追它卻追不到。這其實正是因爲頭腦擋住了愛。所以對於愛，頭腦是它的障礙，是它的對頭。可以說是，有頭腦就沒有愛，有愛就沒有頭腦。要想識破愛的假像，你第一步就是要覺察清楚你的那個項上的葫蘆問題。古往今來，多少人都迷失在頭腦之中，多少人都掉進了頭腦的陷井裡而不知何因的空發苦惱，空在那裡打轉轉？頭腦擋住了愛，多少人愛來到他們面前而不知卻要找他們頭腦所認爲的愛的虛像呢？所以，要想享受愛，第一步就要識破頭腦，識別愛。不識破頭腦，不識別愛，你是無法眞正的碰到，在愛中的。這是我的告白，請仔細覺察，相信對你有些意義。

愛的實質旣然是一種能量，一種電流，那麼它就有它自然的流動方向。它的方向無非就有兩個：流向自己或流向別人，流向外界或流向內部。強調完全流向外部的愛也不科學，教導完全流向個人也不可能。我只想教導你覺察到那個愛本身，感受到愛流經你身體你心靈的能量活動。我教導你明察頭腦是爲剔除障礙的，本質是讓你接近眞理直接進入愛的。愛是世界最終的要義。它是世界最終的終極意義。無論人類的智慧和能力有多遠多大，這個意義的終極都不會改變。無論愛情之愛，還是親情或友情之愛，它都是一種溫暖的能量。你所對愛的體驗就是來用享受的覺知來感知這個能量和能量的本身。你不是用你的頭腦來解釋那個愛，你不是來創造那個愛。你只是來享受那個愛的。本質是關係可以創造，但愛不能。愛只能用來感知或享受的。你來他也來，愛就跟著來——然後你就去體驗、感知和享受它就是。你怎麼能去創造它？你創造它只能是在用的頭腦了，那麼一旦頭腦參與進來，愛就會離開。所以，去無頭腦的享受愛，體驗愛，感知愛。不要用你的頭腦去思考愛、分析愛和理解愛。思考來的愛，理解出來的愛，分析出來的愛不是愛，那僅僅是一種關係而已：近或太近的關係而已。所以，要進入愛，就先變成無頭腦的生命體。以生命體來感知愛，不是以頭腦來透知愛。

愛曾被很多人很多次地說過。很多人都說了很多不同的話，有的看來非常有哲理。不過，哲理都是頭腦的思辨。哲理離愛很遠。哲理的頭腦往往無愛，只有有心的生命才愛在。

學習成熟給予愛

當一個人開始愛，而且不是出於需求的時候，他就是成熟的人。他開始流動、分享和給予，兩者所著力的點不同，前者是在於怎麼得到更多，後者在於如何給予，如何能給得更多，而且是無條件的給予，這正是他長大、成熟的體現。

一個成熟的人是能夠付出的人，也只有成熟的人才能付出，因為只有成熟的人才擁有，當愛不是出於倚賴的時候，不管有沒有別人在你都能愛，這樣的愛就不是一種關係，那是一種存在的狀況。

當一朵花綻放在深山裡的時候，沒有人去欣賞它，沒有人知道它的芬芳，想想這朵花會如何？沒有人經過它，對它讚歎一聲「啊，眞美！」沒有人品嘗它的美、它的快樂、沒有人分享這一切。你想這朵花會如何？它會凋謝？它會難過？它會驚慌失措？它會尋短見？它逕自綻放，繼續地綻放，有沒有人經過都無關緊要，它會不斷地將香氣散播到風中，將喜悅分享給神、整體。

當我一個人的時候，我的愛跟我與你同在時一樣，因為我的愛並不是由你來決定的，如果是那樣的話，當你走之後，我的愛也會不是了，並不是你在拉走我的愛，是我在對你分享我的愛。這是「贈與的愛」，這是「存在的愛」。

愛，就是用對方能接受的方式來給予

愛，用心接受（繁體愛字＝心＋受），心裡感受得到才叫愛，這個行爲叫不叫愛，是接受的人來定的，而不是由給予者決定的。因爲接受的人感受到了才叫愛。

所以愛是什麼，愛是由接受的人決定的。你認爲你那些行爲都是愛你的先生、太太和你的孩子嗎？問題是他們有沒有接收到，對他們來講是叫愛嗎？愛和私是不一樣的，而是相對的。很多的父愛和母愛，只有那種內在的虛擬的父愛和母愛，對孩子來講不叫愛，那叫私。給的一方以爲那是愛，接受的一方不以爲然，認爲是私。因爲那個愛裡面沒有對方的存在，愛最重要的是以對方爲存在的主題，而自私以自己爲主題而給予愛，這種行爲就稱爲父私和母私，而不是父愛和母愛。我不否認天下的父母都愛孩子，問題是你自己是不是一個有能力給予愛的人。

愛溢出便是花香

愛溢出便是花香，美溢出便是光芒，如果你的心一直得到那個存在能量的滋養，如果你一直保持著清醒的覺知，那麼美妙的世界將被創造出來。外在的世界與你無關，你將創造自己的內在世界。

我們無不活在同一個外在的客觀的世界，我們無不也同時活在自己的世界。這個世界有一個同時也有無數個，沒有一個人完全活在他人相同的世界中。

如果你的心保持足夠的敏感，如果你保持著感受微妙能量的能力——那麼你將朝向靈性之國前進！遲早會發現那樣的情況：你來到了靈性的王國——愛穿透了你整個身心，你全然如那成熟的果或來到頂峰的花一樣……一切美好和香氣自然而然地散播。

幽香將糯染整個世界。這遲早會發生，如果你的靈魂一直在那個存在的大愛中浸泡。

愛溢出便是花香，而花香正是那存在透過花朵的愛的釋放。千里趕來的蜜蜂會在它的周圍所沉醉，整個存在將被連接成整體。沒有局外人，如果你不把自己封閉起來。

如果你能保持一直的完全性開放，那麼你遲早會感受到整個存在的能量。當你與整個存在連接，那麼喜樂將穿過你。當喜樂穿過你時，你就再也不會孤獨、悲傷或憂鬱。哪怕你曾經只品嘗過一次，這存在就足以打開了你那朝向整個存在的門。你早晚會遇見神。如果你一直來感受著那個能

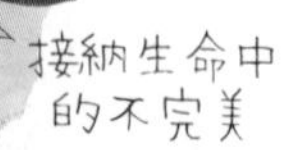

量。這將是最終的治癒。沒有別的辦法能徹底的療愈靈魂的病。

要知道，明白問題所在勝過自認沒有問題。

這是一個關於阿拉伯人的故事。有一個人名叫穆罕默德，他是伊薩的兒子，他和當時的教會領袖是非常要好的朋友，他是個大人物，一直都很富有，並且廣受眾人尊敬。他思維敏捷、口才絕佳、辯才無礙，所以當時他的地位淩駕於眾人之上。

有一天，他高高騎在馬上，他的坐騎上裝飾著各種珍奇的布匹和美麗的毯子，披金戴銀，叮噹作響，有很多侍從隨侍在側。每個人都崇拜他、讚歎他，浩浩蕩蕩的隊伍十分壯觀。眾人互相探聽：「這個人是誰？如此體面風光、氣派奢華。」但這時一位步履蹣跚的老婦人說：「噢，不，那是個窮困的人，他並不富有，因爲阿拉沒有賜福給他，所以他才會這麼虛榮。」

伊薩之子穆罕默德聽到之後，立刻從華麗的馬背下來，承認這的確是他的問題所在。從那時以後，他摒棄了所有公開炫耀和追求財富的欲望，過著謙卑簡樸的生活，專心致志修習。

他很幸運，是嗎？他很幸運，因爲他知道自己有問題。知道自己有問題的人就可以解決問題；認爲自己沒有問題的人，就會帶著問題往生。

美射出便是光芒。事實上，當愛達成，美就自然達成。因爲美是愛自然的外形與質態。沒有一樣愛的東西不是美的，同時，也沒有一樣眞正美的東西不能引起人們的愛。

一個眞正的治療師，他必須變成一個很美的人，否則，治療不會輕易給病人帶來眞正的好處。因爲一個很美的治療師，確定了的是他具有的成熟而眞摯的愛。

沒有一種治療最終不是通過愛來起作用的。頭腦是個很好的工具，但單靠這個工具無法解決人類心靈的問題。你必須深入、再深入，當你來到存在很深的底部時，眞正具有治癒能量的愛才會發現，眞正具有治療作用的美才會產生。

美射出便是光芒。而那個光芒正是照徹心靈之夜的光束。作爲一個治療師，你必須來達成自己的美，否則你的治療將效果甚微。你自己都不是個很美的人，你如何能讓他人的心靈或靈魂變美，變得具有愛，變得具有療愈能力？所以，一個治療師，來達成你的美，來匯流你的愛。

事實上，我早已不把自己列入心理治療師的行業了。因爲轉向了心靈顯示的道路——心靈最接近藝術的，它是藝術直接的來源，一個好的藝術本身就能帶來療愈功能。

因此我在從神那裡探尋神祕的芳香，來治療那些因爲沒有藝術滋養而焦渴的靈魂。我不治誰的病，我來顯示你。你有緣能與我交流，卽使你是一個心理有疾的人，但我不把你定位爲治療，我也不是治療師，我更多象一個充滿藝術的禪師或充滿禪意的藝術師……我來讓你的靈魂享受，我來讓你的靈魂沉浸在柔軟和滋潤的愛與美而讓它自己舒展。我緣碰了一些人，我與他們都成爲親切而美好的朋友。

愛讓我們連接。在一個大師的周圍，光將普照著黑暗的心靈。象陽光照耀小草上的露珠一樣，我將光能給予她們存在的能量。我用禪的生命辯證與詩的藝術之美來互動我的朋友們，讓彼此受益，這樣自然的。我非凡的感謝她們，而非她們感謝我——因爲我從她們那裡得到遠遠要比她們從我這裡得到的多的多。

因爲她們也那樣認爲她們與我的關係。作爲曾經的意識中的治療師的我，現在已脫離了那個幹係。我已穿透了整個存在祕道——我不再是治療師，我也許已是個具有治療功能但不再是治療師的人了。愛溢出便是花香，美射出便是光芒。一個緣碰靈性並開始向內的人，你必須把自己做的很愛很美和很香。

事實上，如果你帶著靈性能量——愛、美、香遲早會發生。攜帶著眞善美的能量，來讓自己成長。把自己變美是你一輩子的事。把自己變成是愛的是你一直的責任。

愛溢出便是花香，美溢出便是光芒，沒有任何理由你不讓自己透出優美之光。

愛，讓心靈成長

我從來就相信有一種感情是一輩子的，而且是從出生到老去。

我從來就相信當自己陷入困窘的時候不必灰心，因爲一定有人在你旁邊鼓勵。

在你幸福的時候，他可能默默退去；在你快樂的時候，他比你更加開心。

還有什麼可求的呢？這才是眞正的友情。

朋友，請聽我爲你唱的歌。我不是歌手，也不是被人冠名的詩人，但從心底發出的感激讓我的文字從蒼白變得格外有力。其實，我相信這樣的奇跡。

曾經我有一段漫長的心路歷程，憂鬱的歷程。我承認自己沒有愛迪生那樣的毅力，能在受挫九百九十九次之後再次鼓起勇氣。在羽翼還未完全豐滿時受到的往往是容易致命的打擊。理想還是現實，眞還是假，善還是惡，前進還是後退……望著我那迷茫的不知所措的雙眼，我的朋友告訴我：這些問題在這世界上根本沒有人能給出一個完全正確的答案，你努力尋找的，不過是一個眞實的你自己。相信自己，你可以！

是的，我可以。當我終於找到了自己，找到了理想與現實之間最適合自己的位置，找回了自信開朗的自己，然而再看你，看到我的成功你竟比我更加欣喜。一如你看到我憂愁時比我還要憂愁。你說，要記得我們的約定，在我們八十歲

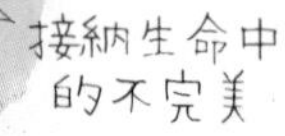

的時候還要一同談論這激情似火的青春記憶……

我們每個人都是單翼的天使，需要相互擁抱才能展翅高飛……

友誼萬歲！

有愛的日子是幸福的，心靈的成長需要愛的呵護，在充滿愛的土壤中孕育生長的心靈純淨而又自然。人世間冷漠的一切都依靠愛將它們融化，冰冷凍結麻木了的神經也需要愛來將它喚醒。

有人問，活著到底是爲了什麼？有人問，到底怎樣才能更好的活著？如果讓我回答，那答案恐怕只有一個字：愛。

愛是發自人性深處的聲響，愛在生命深處最值得珍惜和敬仰。

有愛的日子很甜蜜，有愛的日子很充實，有愛的生活不會枯燥，有愛的追求才能體會到自己的人生的眞正價值。

還會再爲困難苦惱心傷嗎？還會在爲不順抑鬱迷茫嗎？還會在爲未來彳亍徘徊嗎？一切的一切，還存在疑問嗎？

如果是這樣，那就乘著時間的船去尋找你的愛吧……

生命中你是廚師還是老和尚？

生命中你是廚師還是老和尚？

從前在山中的廟裡，有一個小和尚被要求去買食用油。

在離開前，廟裡的廚師交給他一個大碗，並嚴厲地警告：

「你一定要小心，我們最近財務狀況不是很理想，你絕對不可以把油灑出來。」

小和尚答應後就下山到城裡，到廚師指定的店裡買油。

在上山回廟的路上，他想到廚師兇惡的表情及嚴重的告誡，愈想愈覺得緊張。

小和尚小心翼翼地端著裝滿油的大碗，一步步地走在山路上，絲毫不敢左顧右盼。

很不幸的是，他在快到廟門口裡時，由於沒有向前看路，結果踩到了一個洞。

雖然沒有摔跤，可是卻灑掉三分之一的油。

小和尚非常懊惱，而且緊張到手都開始發抖，無法把碗端穩。

終於回到廟裡時，碗中的油就只剩一半了。

廚師拿到裝油的碗時，當然非常生氣，他指著小和尚大罵：

「你這個笨蛋！我不是說要小心嗎？爲什麼還是浪費這麼多油，眞是氣死我了！」

小和尚聽了很難過，開始掉眼淚。

另外一位老和尚聽到了，就跑來問是怎麼一回事。

瞭解以後，他就去安撫廚師的情緒，並私下對小和尚說：

「我再派你去買一次油。這次我要你在回來的途中，多觀察你看到的人事物，並且需要跟我做一個報告。」

小和尚想要推卸這個任務，強調自己油都端不好，根本不可能既要端油，還要看風景、作報告。

不過在老和尚的堅持下，他只有勉強上路了。

在回來的途中，小和尚發現其實山路上的風景眞是美。

遠方看得到雄偉的山峰，又有農夫在梯田上耕種。

走不久，又看到一群小孩子在路邊的空地上玩得很開心，而且還有兩位老先生在下棋。

這樣走看風景的情形下，不知不覺就回到廟裡了。

當小和尚把油交給廚師時，發現碗裡的油，裝的滿滿的，一點都沒有損失。

其實，我們想比較快樂地過日子，也可以採納這位老和尚的建議。

與其天天在乎自己的成績和物質利益，不如每天努力在上學、工作或生活中，享受每一次經驗的過程，並從中學習成長。

一位眞正懂得從生活經驗中找到人生樂趣的人，才不會覺得自己的日子充滿壓力及憂慮。

我想，這也是活得更積極，更樂觀的人生法寶吧？

向諸葛亮學十堂課

諸葛亮，字孔明，琅琊（今山東省沂南縣）人，是中國三國時代著名的政治家及軍事家，也是古代著名的智者。

諸葛亮寫給兒子的一封信，只用了短短八十六字，但是對於為學做人有精簡而且具體的忠告。一千八百多年前的智慧，在今天的科技時代，原來仍然有其參考價值。年青時聽人說：「眞正的智慧，可以超越時空，歷久常新。」初時不知所以，現在覺得所言甚是。

讓我們一起向諸葛亮老師學習十堂課，在變局中安身立命，在逆境中找到力量：

《諸葛亮給子書》

夫君子之行，

靜以修身，儉以養德；

非澹泊無以明志，

非寧靜無以致遠。

夫學須靜也，

才須學也；

非學無以廣才，

非志無以成學。

怠慢則不能勵精，

險躁則不能冶性。

年與時馳，意與歲去，

遂成枯落，多不接世。

悲守窮廬，將複何及！

第一課：寧靜的力量

「靜以修身」、「非寧靜無以致遠」、「學須靜也」。諸葛亮忠告孩子寧靜才能夠修養身心，靜思反省。不能夠靜下來，則不可以有效的計畫未來，而且學習的首要條件，就是有寧靜的環境。現代人大多數終日忙碌，你是否應在忙亂中靜下來，反思人生方向？

第二課：節儉的力量

「儉以養德」。諸葛亮忠告孩子要節儉，以培養自己的德行。審慎理財，量入爲出，不但可以擺脫負債的困擾，更可以過著律己的簡樸生活，不會成爲物質的奴隸。在鼓勵消費的文明社會，你有否想過節儉的好處呢？

第三課：計畫的力量

「非澹泊無以明志」、「非寧靜無以致遠」。諸葛亮忠告孩子要計畫人生，不要事事講求名利，才能夠瞭解自己的志向，要靜下來，才能夠細心計畫將來。面對未來，你有理想嗎？你有使命感嗎？你有自己的價值觀嗎？

第四課：學習的力量

「夫學須靜也」、「才須學也」。諸葛亮忠告孩子寧靜的環境對學習大有幫助，當然配合專注的平靜心境，就更加事半功倍。諸葛亮不是天才論的信徒，他相信才能是學習的結果。你有否全心全力的學習？你是否相信努力才有成就？

第五課：增值的力量

「非學無以廣才」、「非志無以成學」。諸葛亮忠告孩子要增值先要立志，不願意努力學習，就不能夠增加自己的才幹。但學習的過程中，決心和毅力非常重要，因爲缺乏了意志力，就會半途而廢。你有否想過，一鼓作氣人多，堅持到底人少的道理？

第六課：速度的力量

「怠慢則不能勵精」。諸葛亮忠告孩子凡事拖延就不能夠快速地掌握要點。電腦時代是速度的時代，樣樣事情講求效率，想不到一千八百多年前的智士，也一樣不謀而合。快人一步，不但理想達到，你有否想過，還有更多時間去修正及改善？

第七課：性格的力量

「險躁則不能冶性」。諸葛亮忠告孩子太過急躁就不能夠陶冶性情。心理學家說：「思想影響行爲，行爲影響習慣，習慣影響性格，性格影響命運。」諸葛亮明白生命中要作出種種平衡，要「勵精」，也要「冶性」。你要提升自己性格的品質嗎？

第八課：時間的力量

「年與時馳」、「意與歲去」。諸葛亮忠告孩子時光飛逝，意志力又會隨著時間消磨，「少壯不努力，老大徒傷悲」，「時間管理」是個現代人的觀念，細心想一想，時間不可以被管理，每天二十四小時，不多也不少，惟有管理自己，善用每分每秒。請你想一想，你有蹉跎歲月嗎？

第九課：想像的力量

「遂成枯落」、「多不接世」、「悲守窮廬」、「將複何及」。諸葛亮忠告孩子時光飛逝，當自己變得和世界脫節，才悲歎蹉跎歲月，也於事無補。要懂得居安思危，才能夠臨危不亂。想像力比知識更有力量。你有沒有從大處著想，小處著手，腳踏實地規劃人生呢？

第十課：精簡的力量

以上諸葛亮寫給兒子的一封信，只用了短短八十六字，精簡地傳遞了具體的訊息。我相信精簡的表達源於清晰的思想，長篇大論的內容，容易令人生厭，精簡溝通更有效果。你懂得言之有物地精簡溝通嗎？

從以上的十堂課之中，你能夠找到一點啟發嗎？在逆境中，我衷心替您打氣，可以給我電子郵件，和我分享你的境況，我樂意給你回應。也請你百忙之中靜下來，以往後的題目向你的人生提問，在改變中不斷改善。最後衷心祝福您「人生攻守、貴乎奮鬥」。

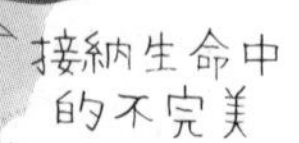

不要問：自己得到些什麼？
應該問：自己付出過甚麼？
不要問：自己的地位如何？
應該問：自己的心地如何？
不要問：自己有甚麼信仰？
應該問：自己有甚麼善行？
不要問：自己是否有學問？
應該問：自己是否有行動？
不要問：自己會怎樣離世？
應該問：自己怎樣生活過？

快樂從自己做起

案例：宣宣站在大批人群的喧鬧中，背著沉重的書包，步出校門，心想等一下又要趕著去補習班上課，日復一日的生活，壓力讓宣宣喘不過氣來。這時候，宣宣看到火鍋店，想著距離補習還有1個小時，那麼就走進火鍋店，叫了一鍋最愛的泡菜鍋，不只是塡飽肚子，刺激著味覺，應該也可以換點不一樣的心情。這時，聽到隔桌傳來一陣「好滿足哦！」女孩幸福的聲音，循著悅耳、愉快的聲音看去，滿臉的笑容與快樂的肢體語言，宣宣心想爲什麼她們可以笑得那麼開心，可是「快樂」卻離我好遠好遠……

企業幸福課與員工關係建設培訓

解析：「快樂」是一種生活態度，而「快樂」也可以是一種選擇。如果常選擇快樂，最後就會變得快樂，快樂與不快樂的情緒，未必是與生俱來，但大多數是可以學習的。要追求快樂的生活，並非難事，卻需要一些方法。有些人知道快樂的重要性，也希望能活出快樂，可是，卻老是找不到通往快樂之門的鑰匙。藉此機會分享幾個快樂生活的經營原則，希望大家都能輕而易舉地獲得快樂。

一、別在乎世俗的眼光

「規範」是為了讓大家的生活、行動更方便，在不影響他人或自己身心安全的考慮之下，想吃就吃、想睡就睡、想做什麼就做什麼，別太在乎別人怎麼說。先照顧好生理、心理的基本需求，才有力量，去面對充滿變數的明天。

二、多些自我肯定

長大以後，要聽到別人對自己說：「你好棒哦！」似乎是不容易的事。縱使別人說了，自己也多少會覺得彆扭，但是心裡頭卻另有一番滋味。「很棒」可以是很大的肯定，也可以很小。只要認真去做，就是「很棒」。

三、放低標準

對於自己的處事與處世必須有一定的標準。面對壓力時，最令人害怕的一句話便是：「我對你有信心，我相信你一定可以做得很好……」相信這些話只會無端地增強不快樂的因數，並不會讓人有絲毫放鬆的感覺。這時，唯有「自我暗示」，告訴自己：「只要盡心盡力，再壞也只有如此而已。」經過這樣的轉念思考以後，我們的身心將會明顯的放鬆。再者，也會覺得事情沒有想像中的難以處理！

四、接近快樂的泉源

學齡前的小朋友是最快樂的！看小朋友玩耍，看著他們自言自語、不亦樂乎的模樣，眞會讓人忘憂解愁，看著看著，不自覺地也跟著快樂、開心地笑出來。如果可以的話和他們一起玩，用他們的語言和他們溝通，這樣的感覺好像自己也回到童年般，無憂無慮，我們的快樂也會因此而加倍哦！另外，少看些悲劇，多看些喜劇與笑話，如此，不僅自己快樂，也可以和同學、朋友們一同分享，讓自己成爲快樂的種子，大家也會不自覺的向你靠近，幫你贏得人緣哦！

不委屈自己、對小事滿足，當生活中對於小事滿足，就能很快地體會到成就與喜悅。累積每天的小成就、小喜悅，將成爲快樂的能源！不要害怕遭受負面情緒的纏身，有負面的情緒很正常，更高的智慧是可以轉念爲正向的思考，心念一轉，正面情緒也就跟進，不僅心情快樂，人際關係也會更加圓融。

三個問題的智慧

一個國王有一次想到：如果他總是知道何時去做他應該做的事，知道應該與那些人交往，不應該與那些人交往，尤其是，如果他總是知道什麼事情是最重要的，那麼他就永不會有錯失。

國王這樣想完後，就向全國的人宣稱，他要提供很大的獎賞給任何人，只要這個人教他「如何去知道做每件事情的適當時刻，如何知道那些人是最重要的人，以及決定什麼是最重要的事情」。

有學問的人開始來找國王，但他們全都提出不同的答案。

在回答第一個問題時，有人說：爲了知道做每件事情的正確時間，一個人必須擬定每天、每月、每年的計畫表，嚴格遵守計畫表。他們說，只有這樣才能在適當的時間做每件事情。

有的人說：一個人無法事先決定做什麼事，何時去做；一個人不得爲無益的娛樂所迷，必須注意所發生的每件事，做必要的任何事。

又有一些人說，無論國王對於正在進行的事情多麼注意，一個人都不可能正確地決定做每件事情的時間，還有！他應該有一群聰明的人，按照他們的忠告去行事。

又有一些人說，有些事情需要立刻決定，沒有時間去請教別人做事的時機是否正確。爲了知道這一點，一個人必須事先知道什麼事會發生，這只有魔術師才能知道；因此，爲了知道做每件事的適當時間，一個人必須去請教魔術師。

關於第二個問題，答案也各有不同，有人說，國王最需要的人是他的行政官；有的說是祭司，有的說是醫生，還有的說戰士是最重要的。

第三個問題什麼是最重要的事情，答案同樣分歧，有的說，科學是世界上最重要的事情，有的說是武藝，有的則說是宗教崇拜。

答案全都不同，因此國王沒有同意他們中任何人，也沒有給他們中任何人獎賞。

爲了發現他的問題的眞正答案．他決定去請教一位以智慧聞名的隱士。

隱士從來沒有離開他所住的森林，他只接見單純的人。因此國王換上純樸的衣服，在他尙沒有到達隱士的住處之前就下馬，把他的武士留在後面，自己一個人前去。

國王發現隱士在他的小屋前面挖著一個菜園。隱士看到國王時跟他打招呼，又立刻繼續工作，他身體很瘦，很弱，每次他把鏟子挖進土中，鏟起一點泥土，就沉重地喘著氣。

國王走近他身邊說：「聰明的隱士，我是來請教你三個問題的答案。我如何才能知道我應該留神的時間，不讓它稍縱卽逝，以免以後後悔？誰是最重要的人，使我應該對他表示最大的關注？還有什麼是最要的事情，值得應該先去做？」

隱士聽國王的問題，但是沒有回答；他只是在雙手上吐口水，又開始挖。

「你已經精疲力盡，」國王說：「把鏟子給我吧。我來挖一會。」

「謝謝。」隱士說。他把鏟子交給國王，然後坐在地上。

國王挖了兩個花床之後就停下來，問同樣的問題。隱士沒有同答，只是站起來，伸出手要拿鏟子，並且說：「現在你休息，我來工作。」但國王沒有給他鏟子，他繼續挖。一小時過去了，然後又一小時。太陽已經開始落到樹後，這時國王把鏟子挖進土地並且說：

「聰明的人啊，我來找你是要得到我的問題的答案。如果你無法給我答案，就告訴我，我就回家。」

這時有一個人跑過來，隱士說：「我們看看是誰。」

國王轉頭，看到一個有鬍子的人跑出森林。還人雙手壓著自己的肚子，血從他的指頭之間流出來。

他跑到國王身邊，昏倒在地上，動也不動躺在那兒，發出微弱的呻吟聲。

國王和隱士打開男人的衣服。他的肚子有一個大傷口。國王盡可能洗淨傷口，用自己的手帕和隱士的毛巾把傷口綁好，但血並沒有止住。國王一再拿下沾滿熱血的繃帶，洗乾淨，又綁在傷口上。

血最後終於止住，受傷的人醒過來，他說要喝水。國王拿來新鮮的水給他喝一口。同時，太陽已經西下，天氣變得涼起來。國王在隱士的幫助下，把受傷的人帶進小屋，讓他躺在床上。他閉起眼睛，靜靜的。國王因為走了路，並且安置了受傷的人，所以很累，就躺在門檻上睡著了。他在短短的夏日夜裡睡得很熟，所以當他在早晨醒過來時，過了一會才知道自己置身何處，並且記起那位躺在床上的留鬍子陌生人，這個陌生人正以發亮的眼睛專神地凝視他。

「原諒我，」有鬍子的人以一種微弱的聲音說，因為他看到國王醒過來，並且看著他。

「我不認識你，沒有什麼要原諒你的。」國王回答。

「你不認識我，但我認識你。我是你的敵人，我曾發誓要報仇，因為你殺死我的哥哥，搶奪我的財產。我知道你單獨來看隱士，所以我決定在你回家的途中殺你。但是一天過去了，你卻沒有回來，我離開埋伏的地方去尋找你，結果卻遇到了你的武士。他們認出我，攻擊我，傷了我。我逃離他們，但如果你沒有照料我的傷口，我會流血致死的。我本想殺你，而你卻救了我的命。現在，如果我活命，而你願意的話，我要當你最忠實的奴隸，並且也叫我的兒子這樣做。原諒我吧！」國王很高興這樣容易就跟他的敵人和好，他不僅原諒他，並且也答應歸還他的財產，並且派自己的醫生和僕人去服侍他。

國王離開受傷的人，就去找隱士，在離開隱士之前，他最後一次希望隱士回答他的問題。隱士跪在院子裡，在前天所挖的花床中播種。

國王接近他並且說：「聰明人啊，我最後一次請你回答我的問題。」

「但你的問題已經得到答案。」隱士說，瘦瘦的小腿蹲著，抬頭看著站在他面前的國王。

「我的問題如何得到解答呢？」國王問。

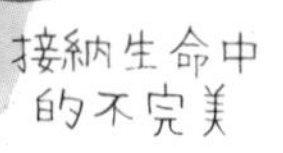

「如何？」隱士說：「你昨天如果沒有同情我的虛弱，爲我挖這些花床，而是自己一個人轉回去，那麼那個人就會攻擊你，而你就會沒有跟我待下來。因此，最重要的時間就是你挖花床的時候；我是最重要的人；而最重要的事是對我行善。然後，當那個人跑向我們時，最重要的時間是你照顧他的時候，因爲如果你沒有綁起他的傷口，他就會死去而不跟你和解，因此他是最重要的人，而你對他所做的事是最重要的事。因此記住：只有一個重要的時間！就是『現在』。它之所以重要是因爲唯有在這個時間之中，我們才能支配自己；而最重要的人是『跟你在一起的人』，因爲沒有人能夠知道自己是否將會跟其他任何人交往；而最重要的事情是『對他行善』因此，要專注於做好當下的事，並隨時隨地善待身邊的人，因爲人只是爲了這個目的而來到此生中。」

豐富就從溝通開始

這些年來，許多來自不同職場的朋友，爲了財務的困難來找我做協談。我發現這些朋友幾乎都有一個共同點，那就是「東牆補西牆」的處理方式，而這個方式不但沒有解決問題，反而使財務的困難雪上加霜，甚至連累親朋好友！最後連這些人也有了很大的反彈與怨言，乾脆不相往來。這是最大的損失。

其實，「東牆補西牆」的處理方式之主要原因就是「面子」在作怪。有時我會不禁很感歎，我們的顏面「癌」，何時能被認眞而又有效的治療好？！

從心理的層面而言，面子，就是一種「自我」的形式。自我開始於我們的幼年。一個孩子常常笑臉迎人，當父母的就會很開心，認爲孩子快樂就代表自己是稱職的父母，也會對孩子說：「寶寶好可愛、好乖唷！」而孩子也就知道，爲了要讓爸爸媽媽安心，就要常常笑臉迎人，這時後孩子已開始學會取悅別人。慢慢的，爲了要讓父母或大人感覺好，孩子已不再對自己眞實的感覺誠實。某種能夠讓自己生存的方法就建立了，這就是某部分的「自我」形成了。年紀愈長，自我就愈強固。

當我們有了困難或挑戰，就很難如實呈現。我們擔心自己的困難或挑戰，會打破自己在別人印象中的美好形象，我們就開始隱瞞實情，採用一些治標、應急的方法，甚至是掘了一個更大的坑洞，讓自己處在困獸猶鬥的狀況，每況愈下！我們會誤以爲，缺錢就是去找錢，就可以解決困難，豐富離我們愈來愈遙不可及！

根據我的觀察及經驗，我發現有句古老的諺語眞是眞理：「誠實爲上上策。」可惜的是大部分的人做不到！爲什麼做不到？因爲害怕讓人看不起、沒面子。

有一次，我很想爭取一個工作機會，但我連旅費及食宿都有困難，令我鬱卒了很多天。最後，我決定向主辦單位做一個坦白的溝通。我就告訴他們，我很想爭取這難得的機會。結果主辦單位居然讓我幫他們做些翻譯的事，這樣我的食宿及旅費迅速地就有了著落！

親愛的朋友，生活常有難題，你選擇面子還是輕易及豐富的方法——溝通呢？

有幽默，生活就不寂寞！

語言，是歡笑、幸福的起始點；

語言，也是災難、痛苦的引爆點！

有一則故事說道：有一對夫妻搭火車旅行，可是沿路上，太太一直嘀咕地講話，一下子嫌火車開得太慢、一下子埋怨冷氣太冷，或服務人員的態度不好……而她的先生，雖是閉目養神，耳朵卻不得閒，必須忍受太太的嘮叨。

後來，先生有個機會，轉了個頭，禮貌地跟旁邊的旅客打招呼；當別的旅客問到他們的職業時，先生回答說：「我是小公司老闆，我太太則是有名的製造家！」

「噢，製造家？是製造什麼產品啊？」別的旅客好奇地問道。

先生一臉正經地說：「專門製造不愉快！」

人的生活，有的充滿歡喜、快樂，有的則是充滿悲苦、不愉快！當然，自己的心境很重要，可是，跟我們相處在一起的人，也很重要；如果自己的另一半或工作夥伴，個性很嚴肅、不幽默、不風趣，也不浪漫，甚至常嘮叨、嫌棄、埋怨，或是事事負面思考，那麼生活就會像個「製造家」一樣——專門製造不愉快。

所以，牛頓曾說：「愉快的生活，是由愉快的思想造成的。」

而好萊塢知名影星布萊德彼特也說：「幽默感比性感更重要！」爲什麼？因爲一個大美女，如果只有美豔和性感，每天冷漠、不笑，也不懂得幽默、輕鬆開玩笑，則不會受人歡迎！

同樣地，男人也不必講究性感、一直秀著肌肉，而是要智慧風趣、有幽默感，才會可愛！最近，有個女學生考我說：「老師，考你一個腦筋急轉彎——什麼事會讓上面的人愉快，下面的人高興？」

「啊？這……這要我怎麼回答？」我一時之間語塞，不知如何說起。

「老師你不會是不是？還是不好意思說？」女學生得意地說：「怎麼會不好意思呢？答案就是——演唱會嘛！」

「老師，再來，再考你一題！」女學生興致勃勃地又問道：「什麼事是劉先生和劉太太每天睡覺時都要做的事？」

「啊？這……又要我說什麼呢？」我又支吾了。

「老師，你不要害羞嘛！你仔細想，大聲說沒關係嘛！」女學生一直催促著我，可是，我還是不知如何回答。

「老師，這沒什麼不好意思說的嘛，睡覺時都要做的事，就是閉上眼睛啊！」女學生笑嘻嘻地說。

「幽默」是一種能量，也是一種浪漫，它能增加人與人之間的親密度！所以，「有笑聲，就沒戰爭；有幽默，就不寂寞！」

現代社會，經濟不景氣，生活步調緊湊、忙亂，每個人的工作壓力都很大；然而，人總是要學習用「幽默心、浪漫情」，來紓解自己的情緒壓力，才會有快樂、豁達的人生！所謂「萬法唯心，境隨心轉」，只要心中有愛、有幽默，人的嘴角就會往上揚，就會有歡笑和快樂。

因此，「四個L」是我們可以學習的方向，那就是——「Love、Learn、Listen、Laugh」，也就是說，「只要心中有愛，也不斷地學習成長，同時不斷地傾聽別人，則生活中就會充滿歡笑！」

語言，是歡笑、幸福的起始點；

語言，也可能是災難、痛苦的引爆點！

說話中，若帶著關懷、肯定與幽默，就會充滿「愉悅與品味」；

言談中，若帶著抱怨、指責與嫉妒，就會充滿「衝突與酸味」！

幸福課

（美國哈佛大學通識課程）

出人意料，哈佛最受歡迎的選修課是《幸福課》，聽課人數超過了王牌課《經濟學導論》。教這門課的是一位名不見經傳的年輕講師，名叫泰勒・本・沙哈爾。他堅定地認為：幸福感是衡量人生的唯一標準，是所有目標的最終目標，幸福應該是快樂與意義的結合。他甚至從漢堡裡總結出4種人生模式。

當年，爲了準備重要賽事，除了苦練外，本・沙哈爾須嚴格節制飲食。開賽前一個月，只能吃最瘦的肉類，全麥的碳水化合物，以及新鮮蔬菜和水果。比賽一結束，他幹的第一件事，就是奔到自己喜愛的漢堡店，一口氣買下4只漢堡。望著眼前的漢堡，他突然發現，它們每一種都有自己獨特的風味，可以說，代表著4種不同的人生模式。

第一種漢堡，就是他最先抓起的那只，口味誘人，但卻是標準的「垃圾食品」。吃它等於是享受眼前的快樂，但同時也埋下未來的痛苦。用它比喻人生，就是及時享樂，出賣未來幸福的人生，即「享樂主義型」。

第二種漢堡，口味很差，裡邊全是蔬菜和有機食物，吃了可以使人日後更健康，但會吃得很痛苦。犧牲眼前的幸福，爲的是追求未來的目標，即「忙碌奔波型」。

第三種漢堡，是最糟糕的，既不美味，吃了還會影響日後的健康。與此相似的人，對生活喪失了希望和追求，既不享受眼前的事物，也不對未來抱期許，即「虛無主義型」。

會不會還有一種漢堡，又好吃，又健康呢？

那就是第四種「幸福型」漢堡。一個幸福的人，是既能享受當下所做的事，又可以獲得更美滿的未來。

本·沙哈爾經常講「蒂姆的故事」。蒂姆小時候，是個無憂無慮的孩子。但自打上小學那天起，他忙碌奔波的人生就開始了。父母和老師總告誡他：上學的目的，就是取得好成績，這樣長大後，才能找到好工作。沒人告訴他，學校，可以是個獲得快樂的地方；學習，可以是件令人開心的事。因爲害怕考試考不好，擔心作文寫錯字，蒂姆背負著焦慮和壓力。他天天盼望的，就是下課和放學。

漸漸地，蒂姆接受了大人的價値觀，雖然不喜歡學校，但還是努力學習。成績好時，父母和老師都誇他，同學們也羨慕他。到高中時，蒂姆對此深信不疑：犧牲現在是爲了換取未來的幸福。他安慰自己：上了大學，一切就會變好。收到大學錄取通知書時，蒂姆長長舒了一口氣：現在，可以開心地生活了。但沒過幾天，那熟悉的焦慮又捲土重來。

大學4年，蒂姆依舊奔忙著。他成立學生社團，做義工，參加多種運動項目，小心翼翼地選修課程，但這一切完全不是出於興趣，而是這些科目，可以保證他獲得好成績。助自己時，也是在間接地幫助他人。

大四那年，蒂姆被一家著名的公司錄用了，他又一次興奮地告訴自己，這回終於可以享受生活了。可他很快就感覺到，這份每週需要工作84小時的高薪工作，充滿壓力。他又說服自己：沒關係，這樣幹，今後的職位才會更穩固，才能更快地升職。

經過多年的打拼，蒂姆成了公司合夥人，擁有了豪宅、名牌跑車。他被身邊的人認定為成功的典型。可是蒂姆呢，卻無法在盲目的追求中找到幸福，他乾脆用酗酒、吸毒來麻醉自己，盡可能延長假期，在陽光下的海灘一待就是幾個鐘頭。起初，他快活極了，但很快又感到了厭倦。

為什麼當今社會有這麼多「忙碌奔波型」的人呢？本．沙哈爾這樣解釋：因為人們常常被「幸福的假像」所蒙蔽。

十多年前，本．沙哈爾遇到過一個年輕人。他是律師，在紐約一家知名公司上班，並即將成為合夥人。坐在他的高級公寓裡，中央公園的美景一覽無餘。年輕人非常努力地工作，一周至少幹60個小時。早上，他掙紮著起床，把自己拖到辦公室，與客戶和同事的會議、法律報告與合約事項，占據了他的每一天。當本．沙哈爾問他，在一個理想世界裡還想做什麼時，這名律師說，最想去一家畫廊工作。但如果在畫廊工作，收入會少許多，生活水準也會下降。他雖對律師樓很反感，但覺得沒其他選擇，因為被一個不喜歡的工作所捆綁，每天並不開心。

本．沙哈爾認為，這些人之所以不開心，並不是因為他們別無選擇，而是他們的決定，讓他們不開心。因為他們把物質與財富，放在了快樂和意義之上。可以想像，一個因為家長的壓力而學法律的人，是無法在其中找到長久快樂的；相反，如果是基於對法律的熱愛而成為律師的話，那他在維護公義的同時，也會覺得很幸福。

幸福的人，會在不同的事裡找到意義。如創業、當義工、撫養子女、行醫、甚至是打傢俱。重要的是，選擇目標時，必須確定它符合自己的價值觀、愛好，符合自己內心的願望，而不是爲了滿足社會標準，或是迎合他人的期待。「眞我的呼喚」，就是使命感。

本．沙哈爾希望他的學生，學會接受自己，不要忽略自己所擁有的獨特性；要擺脫「完美主義」，要「學會失敗」。

本．沙哈爾還爲學生簡化出10條小貼士：

1. 遵從你內心的熱情。選擇對你有意義並能讓你快樂的課。
2. 多和朋友們在一起。不要被日常工作纏身，親密的人際關係，是你幸福感的信號。

生命轉化工作坊

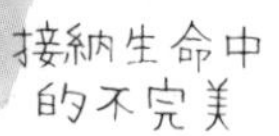

3. 學會失敗。不要讓對失敗的恐懼絆住你嘗試新事物的腳步。
4. 接受自己。允許自己偶爾的失落和傷感，然後問自己，能做些什麼來讓自己感覺好一點兒。
5. 簡化生活，求精而不在多。
6. 有規律地鍛煉。每週只要3次，每次只要30分鐘，就能大大改善你的身心健康。
7. 睡眠。雖然有時「熬通宵」是不可避免的，但每天7到9小時的睡眠會使你更有效率、更有創造力，也更開心。
8. 慷慨。你的錢包裡可能沒有太多錢，也沒有太多時間，但並不意味著你無法助人。「給予」和「接受」是事情的兩個方面。當我們幫助別人時，我們也在幫助自己。
9. 勇敢。
10. 記錄他人的點滴恩惠，始終保持感恩之心。

記住anger（發怒）與danger（危險）只差一個字

別看少這一個字，它會影響我們這份職業、甚至人際關係

正所謂「禍從口出……。」

專家講：

「人，面對外人時，總是可以表現得雍容大肚、心平氣和，但面對自己最親近的家人，卻往往一點小事就足以皺起眉頭，甚至出言相傷。」

正如你永遠只對你最愛、最親的人生氣。你會對你上司、老闆生氣嗎？

如果形容人類是一種「出門高EQ，回家低EQ」的動物，我想一點兒也不誇張。

多拿出一點耐心與包容給家人吧，否則您自己也不會快樂，不是嗎？

曾在報上看過，英文中的stressed（壓力），與desserts（甜點）兩字，有很微妙的相關。是什麼相關呢？仔細一瞧，好像沒什麼關係嘛！

可是，再看一下，咦，stressed這個字從後面倒過來拼寫，不就是desserts嗎？

所以，「Stressed is just desserts if you can reverse.」

（壓力就是甜點，只要你能逆向觀看。）

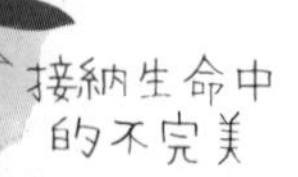

哈，這真是有趣的妙論呀！

人生之中，有許多「壓力、挫折」，但只要轉個念、換個角度看，它也就是我們生命中的「甜點」呀！

此外，也有人說：「人生就像一碗飯，一半是甜的，一半是苦的，你不知道會先吃到哪一邊，但終究必須把飯吃完。」

是呀，生命有甜、有苦、有酸、也有辣；但都必須去經歷它、走過它呀！

一個小學老師在偏遠的鄉裡教書，這天，他來到自己班上的教室，問班上的小朋友：「你們大家有沒有討厭的人啊！」

小朋友們想了想，有的未作聲，有的則猛力地點點頭。

老師接著便發給每人一個袋子，說：「我們來玩一個遊戲。現在大家想想看，過去這一周，曾有那些人得罪過你，他到底做了怎麼樣可惡的事。想到後，就利用放學時間到河邊去找一塊石頭，把他的名字給用小紙條貼在石頭上。如果他實在很過分，你就找一塊大一點的石頭，如果他的錯是小錯，你就找一塊小一點的石頭。每天把戰利品用袋子裝到學校來給老師看哦！」

學生們感到非常有趣且新鮮，放學後，每個人都搶著到河邊去找石頭。

第二天一早，大家都把裝著從河邊撿來的鵝卵石的袋子帶到學校來，興高采烈地討論著。一天過去了，兩天過去了，三天過去了……有的人的袋子越裝越大，幾乎成了負擔。

終於，有人提出了抗議「老師，好累喔！」老師笑了笑沒說話，立刻又有人接著喊：「對啊，每天背著這些石頭來上課，好累喔！」

這時，老師終於開口了，她笑著說：「那就放下這些代表著別人過犯的石頭吧！」

孩子們有些訝異，老師又接著講：「學習寬恕別人的過犯，不要把它當寶一樣的記在心上，扛在肩上，時間久了，任誰也受不了……」

這個星期，這班的同學上到了人生中極寶貴的一課。

袋裡裝入越多、越大的「石頭」，心中存留越多、越深的仇恨，所造成的負擔就越重。

假如你有寫上我名字的石頭你知道怎樣做。感謝。

我很喜歡一句名諺：

寬恕人的過失，便是自己的榮耀。

懂得「放下」，何等自在。

請傳閱，或許今天正有人需要它！

雙眼全盲的曠世奇人

在大陸廣東省，有一個奇特的名人，名叫劉鴻志，已經七十多歲；他雖然年紀大了、頭髮白了，而且雙眼全盲將近一輩子，但是他講話中氣十足，聲如洪鐘，非常開朗！而且，他還通曉十多種「中西樂器」，也是一位教授「少林拳」的教練，同時，更是一位懸壺濟世的醫生！

哇，這麼厲害？一個雙眼看不見的人，怎麼可能「樣樣精通、文武雙全」？

其實，這不是吹牛、亂蓋的，而是千眞萬確的事實。

劉鴻志老先生說，他生於一九三〇年，只念過兩年的私塾；在七歲時，他因爲發高燒，兩隻眼睛因而宣告失明、看不見，但也因此，他的聽覺變得非常靈敏，所有的學習，都靠著聽覺和觸覺來進行。

而劉鴻志的父親深怕他眼睛瞎了，日子會很困苦潦倒，就開始教他月琴，希望他有一技之長得以謀生餬口；可是，沒想到劉鴻志的音樂細胞很好、天賦極高，月琴一下子就學會了！後來，他陸續學了琵琶、三弦、古琴等一、二十種中國樂器；十三歲時，父親的朋友又帶他到城市裡學習「西樂」，所以，當時小小年紀的他，就開始爲一些粵曲名角兒伴奏。

至於劉鴻志的一身好功夫，也是他父親擔心失明的他會被壞人欺負，就帶他去學武功、健身；父親本來只希望他學點防身的簡單功夫，沒想到劉鴻志也是塊學功夫的好料子，他透過聽覺，硬是學會了洪家拳、蔡家拳，也「聽會了」少林七十二種腳法、一百多種的拳腳功夫！後來，劉鴻志的二兒子要求跟父親學功夫，大家風聞他的好身手後，就有人登門拜師學藝，所以劉鴻志又成為「拳腳師父」。

現在，劉鴻志年事已高，但他卻還以行醫為樂，常為病人把脈、抓藥、診斷！有人問他：「你怎麼這麼厲害，還會中醫？」雙眼全盲的劉鴻志笑笑，然後以宏亮的嗓門說：「這也是我父親怕我眼睛瞎了，無法過日，所以就教我一些謀生技能，父愛造就了我的一切！」

人的一生，或順或逆，無法預料，但，有智慧的父親，懂得「給他魚，不如教他釣魚」的道理，讓雙眼全盲的兒子，造就出極為不凡的一生，甚至，比明眼人更加光明、璀璨！

人生的路，是父母的教導和自己的努力慢慢鋪陳而成，如果能夠「歡天喜地學功夫、敬天畏地學做人」，則我們的一生都可以快樂而不凡！

每個人的生命，都有「又苦又長」的路要走，但要如何走，往哪裡走，完全看自己的「態度與智慧」。

知名模特兒王曉書小姐，是一位聽障人，從小就經常被嘲笑、欺負、排擠；但，她從未被挫折打倒，反而以一句座右銘「生氣不如爭氣」來鼓勵自己。

王曉書小姐曾說：「我不是不幸，我只是不便！」這句話，眞是令我非常感動！很多人遭到挫折或不如人時，就唉聲歎氣、怨聲載道，甚至自甘墮落；但有些人則是自立自強，比別人花十倍、二十倍的功夫努力，不斷上進，因為，

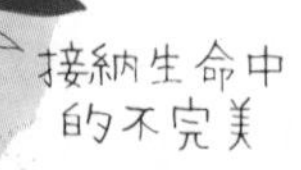

他們知道——「我沒有失敗的條件，我要更努力，才能闖出一片天啊！」

有個媽媽，過年時帶著念幼稚園的小兒子到廟裡燒香拜佛，祈求全家平安、事業順利、小孩功課進步。當媽媽和一大堆人虔誠地拜拜時，小兒子突然問：「媽，那麼多人都在拜拜，但神明只有兩個眼睛、兩個耳朵，他怎麼聽得到每個人拜求什麼？」

當媽媽正在思考如何回答時，這兒子似乎有所領悟地說道：「我知道了，其實，拜拜只是把自己的願望說出來而已，自己的事，還是要靠自己努力去做，對不對？」

的確，「自己的事，自己做」、「自己的路，自己走」，「天助，眞的不如自助」啊！所謂「山不轉，路轉；路不轉，人轉！」遇困難時，人要懂得「心念轉」、「觀念轉」，不斷地激發生命的潛能，才會有傑出傲人的成績！

因此，「學習，是一輩子不能停止的事！」

就像本文中的劉鴻志老先生，雖然一生「眼盲」，卻學會了十八般武藝與技能，使他的生命更加豐盛！

而且，只要我們願意，生命的玫瑰仍然可以一樣美麗綻放，因爲——「承認自己弱點的人，就是最強的人！」

只有靈魂能觸動靈魂

愛情與金錢本是無法分割的，但那樣直白地去提醒戀愛中的人們，實在是太不風花雪月了。不過事實是，如今的浪漫太需要物質的支撐了。

這世上的感情，眞的有太多的形式。有些時候，你以爲那是愛情，其實不過是一根稻草。與其抓著那根無用的稻草，不如，用心去植一棵屬於自己的樹。

若你看見愛人仍保留著過往愛情的紀念品，請理解愛人的心：保留它，並不是愛人的心對你不忠誠，而是因爲，愛是我們生命中最美好的相逢，它值得我們去收藏。

有時侯，你說不出爲什麼喜歡一個人。他長得並不特別好看，他也並不完美。然而，他把你完完全全吸引住了，因爲他有靈魂。只有靈魂能觸動靈魂。有些人，也許出身大富之家，也許在世界一流大學畢業，也許儀表不凡，也許有一個光明燦爛的前途，也許擁有以上所有的優點，可是，你感受不到他的靈魂，他只有一個耀目的軀殼。

我們愛上的，是一個能撥動我們靈魂那根弦的人。這種感覺太奧妙了，很難去解釋，以致我們只能說：「他有一種屬於靈魂的東西。」

有一天你不再愛眼前人，也許是因爲，靈魂那根弦已經斷了。

一生要有五個經典朋友

朋友一直在更新中，如同衣服，這樣的比喻一點都沒有褻瀆朋友的意思，誰不需要衣服來溫暖、美化？每一件衣服的最初，都是喜歡的，甚至驚豔的，如同邂逅眞善美的朋友，眞是款式，善是質地，美是色彩……當然，也要有幾件壓箱華服，一輩子跟著你，獨一無二，那就是你的經典而特別的朋友。我有五個，甚至認爲每個人一生裡都要有類似以下五個特別的朋友：

一、忘年之交

他最好比你大很多，也許有代溝，但是相容，猶如太陽對地球的俯瞰。他有兄長一般的能量，長輩般地愛護我、欣賞我、關照我，在我彷徨迷惘的青春裡，他是我的貴人，爲我做很多事情，包括替我去開後門和借我錢……這樣的友情帶著幾分恩情在裡頭，所以有些嚴肅，但也泛著神聖的光芒。除了父母，我手機備忘錄裡只記著他的生日，我有問題的時候，可以請教他，也許不全是眞知灼見，但是他可以穩住軍心。

二、紅粉知己

她是未遂的愛情，她曾經愛我，現在也是，但是被我成功轉型爲友愛，她現在很幸福，像一個紅蘋果般美滿地幸福。她不再是花，驚心、易傷、脆弱還有些危險，現在我是與一個蘋果在對話，芬芳、自在、踏實。成長之後的初戀，挑明之後的好感，灑脫之後的相思，最後都融於一爐，那是可以一起伸手烤火取暖的知心友情。我們可以無話不談，而且彼此默契，我們從容地友愛著，比友情熱一些，比愛情涼一點。一生裡要有一個這樣超越愛情的異性朋友，如同地球有了月亮，會給你帶來很多美妙浪漫而無愧的感動，這樣的朋友，也是可遇不可求，比情人難得！愛情蛻變爲友情，如同花朵結成果實，海水結晶爲鹽，永遠不過期。

三、心情醫生

她是我採訪中認識的，其實我們很多朋友是因爲工作或者求人辦事中結識的，開始多少帶點功利色彩，比如自以爲心臟不太好，而她是心外科權威醫生，於是有心互動，水到渠成帶來兩個家庭頻繁而熱情的走動。身體是我們一生最大的包袱，而且容易給你帶來新麻煩，而一個醫生朋友專業有效的寬慰與指點，是很有力量的。結交一個有專業造詣的仁愛醫生朋友，如同家裡擺著一尊神，親近，平安。

四、遠程朋友

遠親是不如近鄰，但是朋友，有時要遠一些。遠端的朋友，可以在網路另外一邊，也可以是異國他鄉，總之，他很遠，遠在天邊，卻有近在眼前的錯覺，因爲是心靈的朋友。心靈的某一角，需要一些虛無的詩意、情懷，如同豪宅牆角的那抹青苔，沒有多大實用，卻讓我們的生活多一些不平凡而奇妙的意味與想像。

五、同志你好

我懂他，所以他就把我當成好朋友，他是個帥氣、聰明而善良的人，因爲上帝弄錯了他的心思，所以他比別人多一些問題，比如他要愛同性。發現自己與生俱來的不同，驚慌、孤獨、絕望，然後認命直到自救、重生，他是如此不凡，帶點神跡，現在可以坦然與不凡的自己相處，雖然他還是像一個祕密一樣艱難地活在這個世界。而我是知道他祕密的人，不把他當異類，僅此，他就要「一輩子感謝我」，並且成了我慷慨俠義的眞摯朋友。其實，我應該感激他，因爲他讓我更深切地知道人生、命運的不同，學會更寬厚地理解對待他人與生活，這樣的朋友，給你不一樣的視覺分享，然後會強化我們內心可貴的那些美德：比如尊重、謙卑、寬容等。人生旅途裡認識一個所謂的狂人、怪人，甚至傻瓜，很值得感恩與慶倖，因爲懂得，所以我會慈悲，而且我會越來越好。

縱然人生是白忙一場，也要忙得很快樂

縱然人生是白忙一場，也要忙得很快樂

有一隻狐狸，在路上閒逛時，眼前忽然出現一個很大的葡萄園，果實纍纍，每顆葡萄看起來都很可口，讓牠垂涎欲滴。

葡萄園的四周圍著鐵欄杆，狐狸想從欄杆的縫隙鑽進園內，卻因身體太胖了，鑽不過去。於是狐狸決定減肥，讓自己瘦下來。

牠在園外餓了三天三夜後，果然變苗條了，眞是皇天不負苦心人，終於順利鑽進葡萄園內。

狐狸在園內大快朵頤——葡萄眞是又甜又香啊！

不知吃了多久，牠終於心滿意足了。

但當牠想溜出園外時，卻發現自己又因爲吃得太胖而鑽不出欄杆。

於是只好又在園內餓了三天三夜，瘦得跟原先一樣時，才順利地鑽出園外。

回到外面世界的狐狸，看著園內的葡萄，不禁感歎：

空著肚子進去，又空著肚子出來，眞是白忙一場啊！

我起初也以爲這個故事告訴我們，人孑然一身來到這世界，又孑然一身的離開這個世界，到頭來還不是白忙一場！

呵，這個講故事的人卻說，看問題要看重點。這個故事跟人生一樣，重點是在中間的部分：你看，狐狸在葡萄園內吃得多麼快樂啊！

「即使生命是一場空，也要空得很充實；

縱然人生是白忙一場，也要忙得很快樂。」

即使在這慌亂的年代裡，心又將起起落落，尤其在這疫情的恐慌中，

無論你的心情好壞與否，日子還是得好好的過；休息一下、聽一聽優美的旋律，讓心中的快樂飛舞起來。

祝福我的朋友，天天都能收到幸福，更祝福我親愛的朋友，都能夜夜有好夢、身體都健健康康。

也請別忘了我這個關心您的好朋友。

你的缺點在造就你的優點

世界上沒有完美，更沒有完美的人。如果有完美存在，那個完美將是最大的不完美。你由缺點和優點組成，你的缺點和你的優點同時爲你所有，你的缺點和你的優點同時爲你服務。你必須愛你的整個——你愛你的整個那意味著你要愛你的優點部分和你的缺點部分。事實上，如果你是一個有覺醒力和一個有向上動力的人，你的缺點對你的價值一定大於你的優點對你的。

你有缺點嗎？你不能討厭你的缺點——不，不，你不能那樣，來記住我的話：來愛你的缺點——你的缺點在造就你的優點！你必須清楚，恰是你缺點才顯示了你的優點之優美。況且，如果你是靈動的，那麼你的缺點將再次轉化爲你的優點。如果你是靈動的，那意味著——你有多少缺點你就有多少優點。你的缺點不但在顯示你的優缺點，你的缺點還在成就你的缺優點。因此，來愛你的缺點，猶如你來愛你的優點一樣的來愛你的缺點！你必須來擁抱你的整個，否則你內部將生出種種分裂而致使你痛不欲生。

沒有人會喜歡他的缺點，他的陰影，除非他成長到那裡。一個沒有成長到一定程度的人，是無法喜歡自己的缺點或陰影的。你身上必有優缺點，如果你不喜歡自己身上那非優秀的部分，那麼你無法全然的、眞正愛你自己。如果你不能眞正的、全然的愛你自己，那麼你無法眞正的體驗存在的喜樂，你不可能眞正的擁舞你的生命。除非很全然地愛你自己，愛的很深——甚至你也很深地喜歡上自己的缺點或陰影，甚至你愛自己的缺點或陰影如愛自己的優點與美處一樣。否則，你不可能眞正感受到生命全然的喜悅感。

你的缺點在點綴你的優點，你的陰影在顯襯你的亮光——你身上的所有一切者在爲你的存在服務，來愛它們，即使是你的傷痕也要很溫柔的撫摸它們，愛它們，與它們全然的呢喃對話。用你溫柔的手指撫摸你身上的每寸肌膚，帶著眞正的愛與呵護與它們對話，來照顧到你的每一個細胞，讓你的能量在你的手指與肌膚之間流淌復活。撫摸你自己，猶如你撫摸溫存的愛人一樣。含情脈脈地愛自己，對自己，照顧自己，尤其對你內在中的缺點或異類細胞。學會與自己內在的陰影對話，與自己的缺點交朋友——來達成眞正的愛你自己。

你的優點猶如一束鮮亮之火，而你的缺點正是它裡面被燃燒的黑色的黑油。沒有那黑色、有氣味的油，那火焰會熄滅。沒有你的缺點存在，同時你的優點也無法單獨存在。你同時擁有兩個層面，你必須來同時愛這兩個層面——然後你才能實現完整自我的達成。一個人只有愛他的缺點才能彰顯他的優點；一個人只有非常愛他的陰影才能更顯他的光明。你是以「二」存在的——你無法只保留一個而把另一個剔除。如果你要正面你就必定收留反面，如果你要優點你就必定來收藏缺點。

如果你要愛一個人，請也允許你對那個人隱藏恨。你不能要求純粹的「一」，除非你來到靜心上。除非你來到空上，否則，變幻與演義將照常進行。

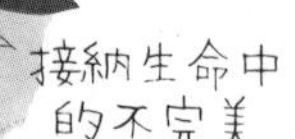

你的缺點在點綴你的優點，你的黑暗在點亮你的光明。

尊敬的諸位，你身上所有的存在都在爲你的整體存在在服務著。不要對自己內在的元素有選擇，你不要對自己內在的東西挑三撿四，要無選擇的收留它們，要無條件地愛它們。對你內在的所有元素請全部接納，全部地愛，無分別、無條件地愛。你的優點是你的，你的缺點同樣也是你的；你的光亮是你的，你的陰影同樣也是你的……是你的你怎麼能不要，是你內在的一部分你怎麼能割除？你內在的東西請全部不要割除，你向外丟一分你將少一分的能量，你向外扔一分你將少一分資源。

尊敬的朋友，來愛你的全部，愛你內外在的所有。來擁抱你整個。你的缺點在顯示你的優點——來愛那個叫缺點的東西吧……請接受我眞誠的祝福。

怎樣從內在變得強壯和自信

太多能量浪費在自我搏鬥上，在拒絕上，在譴責上。

太多能量浪費了。如果你接受你自己，你成爲一個能量的水庫，因爲那麼一來衝突終止了；那麼就沒有內戰了；那麼你是一。如此，能量保存下來，而能量的流動即是創造力。

一個自我衝突的人決不可能具有創造性。他是破壞性的，他毀掉他自己，而且通過他的手將同樣破壞其他人。所有他的親朋好友將被毒害。最基礎的和最基本的戒律是愛自己。我不僅僅說接受，因爲那個詞還不夠——你可以接受但是你可能不愛。你可以接受，因爲還能做什麼呢？你處於一個深深的無助狀態，但那不是接受。

廣東獅子會381區　感恩之旅慈善服務工作坊

除非你把自己作為一個祝福來接受，除非你接受並且歡迎自己，除非你帶著深深的感激接受自己，除非你愛自己，否則你決不會成為一股流動的能量。然後，那股能量能夠流動於歌唱，舞蹈和繪畫。一千零一種創造的法門會迸發，或者它可以直接流入深深的寧靜。而不論是誰，接觸到那深深的寧靜，都將蛻變，而且會第一次聽到天堂的音樂。所以，不僅要接受，而且要帶著深深的感激來接受。

要感謝上帝創造你成為你自己的樣子，不是別人的樣子。每一個人都有他獨特的作用，那是他存在的原因。當我說每一個人的時候，我指的是每一個個體。需要猶大就像需要耶穌一樣。沒有猶大，耶穌將缺憾；故事將缺少一些東西。所以耶穌也必須感謝猶大。不僅接受你自己，還要接受別的作為他自己的每一個人。上帝知曉。

重新設定你的成功信念系統

每個人都有與生俱來的天賦與才藝，擁有創造無限豐盛的答案與技能。信賴所有發生的事都是爲了帶來更大的好處，在生活中增加所欲金錢或事物的能量流，認出並釋放不合宜的老舊模式與能量，向新的機會、想法、觀念、感覺開放，允許靈魂的更高能量進入你，錢財與豐盛自然毫不費力的湧入。每一件你所創造的事，都是爲了帶你更多的成長、擴展、更新與活力。每一件事物的離去，往往爲了騰出空間讓更好的情況進入你的生活。簡單地經由改變心態與想法，可以改變生命。

每一個問題都會同時帶來禮物；每個逆境也都包含著更有價值的種子。一切都是最好的安排。你的想法創造你的實相。改變想法，可以改變生活。信任生命的無限可能將可以增強創造力，吸引更多的機會到身邊來。把焦點與能量密集地放在想要的事物上，潛意識自動會幫你創造。你的念頭決定吸引來的事物。你不會因爲討厭什麼，而把那件東西推開。厭惡貧窮，並不會變得富有。思想導引能量、能量追隨思想，焦點在哪裡，哪裡就會成長。越能清楚感受金錢與富裕的感覺，越容易吸引它成眞。頭腦是意念的廣播站，想法就像磁鐵，腦中的細胞具有形成力量的能力，如果你想得到什麼，就一次又一次的想著它吧。

《重新設定你的成功信念系統》

我所做的每一件事情，

都帶給我活力與成長。

我所創造的每一件事，

都是自我的完成。

我所創造的比想像中的更好。

我集中能量實現我的目標。

我吸引金錢與豐盛的能力，

正在不斷的增進中。

我運用能量來創造，

好事總是輕易地降臨。

我信任並遵循內在的指引，

我寧靜地觀照自己，

並聆聽內在的指引。

我擁有價值非凡的才藝和潛能，是我的天賦財富。

我現在就擁有理想的生活。

我是一個受人重視的人，

我的決定舉足輕重。

我的時間和經歷具有非凡的價值。

追求人生真理與完成人生使命是我的第一要務。

我接受並深愛此刻的自己。

我珍視並對我的創意和巧思引以為榮。

我的存款是吸引更多財富的磁石。

我邀請並開放更美好的事物進入我的生命。

我能把握所有的機會並充分利用。

當生命走入另一道門

從瀕死經驗回來了的都發現，愛與獲取知識是此生的兩大議題。

這不是口號，如果你懂，或開始有所行動，你的生命也將開始有所改變

「愛」就在我們的心裡，我們本身就是愛。

愛有兩種方式：愛自己和愛別人。

如同呼吸有兩種動作：吸氣和呼氣。

把多數的愛給了自己，只留下少量的愛給別人，就像吸氣多於呼氣，累得氣喘噓噓。

反之亦然。

眞正的愛心是「聰明」和「善良」的最佳平衡狀態；「愛心」是幸福的泉源，「幸福」是愛心結下的果實。

以愛爲基礎的文明世界，就是人類的幸福天堂。宇宙法則就是愛心，而愛就存在我們的心裡，進而影響我們的生命。

學習這些這一生中向人表達愛心的重要性：

「我應該去發現的東西太多了！」

「生命另有天地，有太多我們不知道的事，人及心的極限在哪？」

「現在我試著去做有意義的事、好的事、不去批評、也不存偏見。」

「在出體的期間，我對心靈的感覺較之對肉體感覺要

大。心才是最重要的部分，外型的肉體不重要。畢竟肉體只是臭皮囊。我不在乎有沒有形體，因爲我在乎的是心，這才是重要的。它使我覺得生命更可貴。」

「我現在比以前更能與人和諧相處、更能察覺他人的需要。」

不論你年紀有多大，不要停止學習，因爲學習是一種過程，是永久性的。

我們不再害怕死亡了。因爲我們知道另一邊的存在：

有著溫暖的光、愛與包容……

確認人生目的——你來做什麼？

許多人正處在一個轉變的狀態。一個轉變的狀態總會創造出許多的能量。不論你感覺高潮或低潮；亢奮或沮喪。當你的生活正處於一個改變的狀態，你必然會感覺到生機盎然，充滿了精神與能量。你堅強的那個部分，也就是能保持超然觀察世事的部分，總是去看生活中有光亮的部分，想要讓你的人生更美好、更充滿喜悅與和平的部分，會在這些轉變的時候現身。你來這兒是爲了要做什麼？確認人生目的能讓你彰顯你的命運。

不要誤解了我的意思。你們都是自由的存在體。你並沒有在出生之前就設定了一個你必須遵循的路線。你們只是設置了一些基礎的架構，提供自己特定的父母，並選擇出生在世界的某個地方。你爲自己的人生設下一些環境，以便你能像個拋射物一樣地對準某個方向。一旦你到了這兒，你的人生絕對是自發性的，而且能在每一刻裡做決定。對於你能夠走到多高多遠處，並沒有一個預定的限制。

沒有任何的限制！你活在一個無限制的世界裡，你能夠擴展超越過你所知的任何事。在看你的人生目的時，要越過那已存的群體思想形式去看。你們許多人生長在一種很大的壓力裡，要你們去幹、去達成、去活、去爲你們自己撞出名聲，去多少感覺有價值。當你看向人生目的，問你的靈魂和你自，「我是爲我，爲我的至善做這事嗎？或我只爲取悅他人，達到他們對我的期許而做這事？我達成這目的以使我能得到贊許或名聲？或我做因爲這是我想做的，它適合我的本來面目，它帶給我喜悅？」我看見在你們的文化裡，對作一個好的、有價值的人有這麼多的規劃和信念——夢想著賺一大堆錢，或出名，或十分的虔誠。所有這些事可以是好的，如果它們是從靈魂的意願而做。

如果只爲了滿足來自自我或個性的一個形象而做的話，那麼它們可能遠離了你的正路。現在看著自己，自問：如果社會沒有其高舉而仰慕作爲好的或對的形象，你將會如何過你的生活？在你們的文化中，曾強調外在的生產力，而非內在的寧靜、喜悅、愛和慈悲。有某種時間感漫布在每一件事情上——在幾歲幾歲之前完成這個或那個，不然就作個失敗者。有種壓迫感，即每件事必須趕快做好。

我想說，如果你的行動來自人生的目的，所有你需要的時間都將被賦予。你可以放鬆，明白當你度過每一日，你有時間達成你的目的。如果你不覺得你在達成你的目的，你沒有足夠時間，那麼我想說你在做的恐怕不是你的目的。

當你在創造你的人生目的時，你會有足夠的時間，因爲你將創造時間。你將會發現它是如此的快樂，所有其他的事都不見了，只有你的決心、焦點和貫注是在那兒。如果你出於責任或義務，或出於當你做它時人們會敬重你，而勉強自己做任何事，那你恐怕沒尊重你靈魂的光。

你們每個人都有個不同的目的，你不能以你見他們做的什麼事來判斷他們。你們每個人在這一生都出發來學習某些事情，在每個可能的方面成長。許多凸顯人生目的的障礙來自文化的群體思想形式、或缺少訓練、或其他人，特別是接近你的人。

在一個密切的人際關係裡，人有接受另一個人的目的和思想形式的傾向。在你看你的人生目的時，看看誰在你的生活裡和你親近，而自問：你有沒有彰顯他們要你要的東西？或你對你自己要什麼是否清楚？往往那些最愛你的人，可以是那些最阻止你向前的人。不是透過他們的消極，卻是透過他們的愛，透過他們要你爲他們留在身邊，不負他們所期望的畫面和角色。在你看你的人生目的時，自問：如果你是單獨一個人，你要什麼？如果在你的人生裡，沒有一個人會由你所做的得利，也不會受損，那是否會改變你的選擇？你爲你自己想做什麼？什麼能帶給你寧靜喜樂？假若社會不存在，或有截然不同的價值觀——你仍會喜愛你在做的事嗎？一百年前，在這土地上的價值是不同的。

人們爲許多現已不再受重視的事而受到敬重。社會的信仰是一件變易流動的東西，而如果你把你的人生目的建立在你所見環繞著你的事上，那麼，它將是一流動、易變的東西，而不一定反映你的靈魂。想像你是溪流中的一塊岩石；流水環繞著你而流。且說，你許多人讓那溪流把你帶往這方或那方。當水流流過時，你是否保持中正而平衡？或你讓每個水流把你拋來拋去？想像你在心智裡有個天線，而你現在能調整它，以使它向上，向那適合你的更高理想瞄準。在你自己內你珍視些什麼？你想要覺得怎麼樣？停下片刻，自問：「我要什麼感覺？我現在要我的宇宙看來如何？」

在一個情感的層面，把這些感覺帶給你自己，就好像現在這一刹那你有你的完美宇宙。維持這天線向上對著宇宙的更高層面調准，在所有的水流流經你的時候，你將像是中流砥柱。你沒有你所要的只是個幻象。

如果你相信你所見到的，那麼你是相信過去所創造的。你現在生活中所有的每件事，你由過去創造了出來。從現在起你有的每樣東西，可以在這一刻被創造，而且可以造出不同的樣子。你不必明確地知道你明天要做什麼。你可以相信你的確有個目的，一個具體的目的作開始，你可以藉要求它向你展開來開始。如果你開始相信，並且作出好像你知道你這一生要做什麼的樣子，那你就會知道。明早起來，假裝你是你的船的船長，而就這一點而言，你將把這船導向你要它走的路。你花上必要的時間，並和你想跟他們在一起的人在一起，當你想說「不」的時候說不，當你想說「好」的時候說好。你每一小時查核一下看你是否感覺喜悅或寧靜或不論什麼你決定你想要感覺的。

有人說他們的人生目的是服務和協助別人。這可以是個非常好而眞實的人生目的，如果你本身是中正的，而你注意使你自己的人生成功。借著照顧你，把你自己放在一個能增加你的平安和寧靜、美與和諧之感的環境，遠比你把焦點放在使他們而非你自己快樂要更能予人幫助。如果每個人來自和諧與美，來自大我的空間，你們將有一個全然不同的社會。現在向四周看看所有你可有的選擇。下決心你從今而後，要創造你想要的世界。向內找到那力量的點——總是能創造你要的事的你的那部分——而感覺它更加茁壯。你能給別人的最大禮物，是擁有你自己的終身事業。

在生活的改變和過渡之先，你往往有迷惑、失落或痛苦或崩潰的感覺。那是因爲在你們的社會裡很少有放手和不執著於不再適當的形式的訓練。有個群體思想形式，是覺得東西稀少不夠分配，使得放手更加的難，以爲你所失落的東西將找不到更好的替代品了。如果你專注於你所要的，如果認知你所有的過去的一個創造物，而可輕易地被改變，你的將來可以是你選擇的任何樣子。滿腦子都是你所想創造的，你就會造出它。在一個新想法和它的實現之間，常有一段時間，這使許多人迷惑而停止去繼續想到這新的事。思想是眞實的，它向外走而創造出它們所想的。思想存在於時間裡。因此過去的思想可能還影響你一會兒，即使你改變了你的思想。然而，在兩到三個月內，新的想法會獲得更多動力，而造出新的外在形式去與之配合。

尊重你自己爲一個獨特的個體。當你和別人在一起，不要把你的路子和他們的比較。你往往把他們做什麼和你做什麼相比，而覺得比他們更好或更差。反之內省，看你最高的路是什麼，而把你的生活與那個相比。看報上發生在別人身上的故事時，你可能會想：「這也許會發生在我身上。」你並沒有他的思想，你不是他們。發生於別人身上的事，是因爲他們之爲誰而發生。如果你聽見別人的故事，不要把它們帶進你的空間而內化它們，卻要問你自己：「我如何能作個眞正的我？我的眞理是什麼？」每一人都有其不同的路，每一個人都是生命力量的一個獨特的表現。

人生目的就是你決定走上什麼樣的路，而所有的一切都是你的自由意志。你設下某些條件，因此你會想要某些東西。你能有你要的，如果你願意固守住那夢想，而一貫地相信自己。你越一貫地相信你自己，結果越好。如果沒有挫折（（或其他你對它們的詮釋）或沿途的試煉，就很容易。尊敬每一個挫折、挑戰或困難，因爲它增強了你的目的。它給你機會去更對你的夢想承諾，更清楚你的意向。如果人生太輕易簡單，你們大多數人會抱怨無聊。尊敬你的挑戰，因爲你標明爲黑暗的那些空間，實際上是在那兒以帶給你更多光明，以加強你的力量，以堅定你的決定，以帶出你內在最好的。

遊戲練習

1. 閉上你的眼睛，讓一個代表你在世上的目的的畫面、象徵或形象來到心中。
2. 把你的象徵帶進你心裡。請宇宙的更高力量把更多光明和生命納入其中。把你的象徵畫在此地。
3. 想像的象徵改變顏色、質地和尺寸，讓它以它的智慧對你說話，顯示給你如何能釋放它以幫助人類。

人生目標的重要會決定你的後半生

一般人不快樂的主要原因是，人生目標不明確或根本沒方向感，有人說方向正確比努力更重要，方向有誤你拼命也沒用。

人生目標可分爲三部分：

第一、基本目標：五子登科。謹記：在你人生當中，你用越短的時間完成基本目標，你的後半生就越自由，有多少人一輩子都在爲完成基本目標而努力，所以到死也沒有自由過

第二、人生價值目標：分三部分：

（一）是個人和家庭目標（爲什麼）

沒有這個目標生命就失去動力，所有人之所以努力工作，都是爲了個人和家庭安定和諧。

（二）是工作和職業目標（做什麼）

有了第一個明確的目標，你自然會知道，根據你自己目前狀況，選擇什麼樣的職業，能更快達成第一個目標，職業生涯規劃也自然形成。

（三）是學習目標（如何做）

爲了完善第二個目標，提升能力更好工作，更快完成第一個目標，自然你也知道，你該加強什麼，學習什麼，第三個學習目標也就清楚了。

企業領導力——未來領袖十堂課

第三、使命感目標：完成以上兩大目標，你就有足夠的時間和金錢，去完成更大的夢想，幫助更多的人，思考自己及家人以外的貢獻。

古人說：修身、齊家、治國、平天下。

祝福所有的朋友都能心想事成。

人生的簡單與複雜

這個世界其實很簡單，只是人心很複雜。

其實人心也很簡單，只是利益分配很複雜。

桌上有一堆蘋果，人們並不在意這堆蘋果有多少，而是在意分到自己手裡的有多少。單位裡有一攤子事，人們並不在意這攤子事有多少，而是在意自己幹了多少。

人類有大智慧，因爲對得失斤斤計較，最後都變成了小聰明。

人與人之間的關係其實很簡單，由於利益分配很複雜才有了你虞我詐，才有了勾心鬥角。紛繁的塵世其實也很簡單，由於人類情感很複雜才有了書劍恩仇，才有了離合聚散。

人生之簡單，是生命巨畫中的幾筆線條，有著疏疏朗朗的淡泊；是生命意境中的一輪薄月，有著清清涼涼的寧靜。

人生之複雜，是潑灑在生命宣紙上的墨蹟，渲染著城府與世故；是拉響生命深處的咿咿呀呀的胡琴，揮不去嘈雜與迷惘。

天地有大美，於簡單處得；人生有大疲憊，在複雜處藏。生活中常有大情趣，一定是日子過得很簡單；生命常得大愉悅，一定是心靈純淨到不複雜。

人，一簡單就快樂，但快樂的人寥寥無幾；一複雜就痛苦，可痛苦的人卻熙熙攘攘。這反映出的現實問題是：更多的人，要活出簡單來不容易，要活出複雜來卻很簡單。

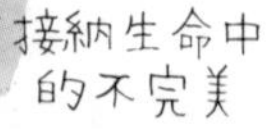

這個世界，每天都充斥著利益的調整與分配。人，每天都被各種複雜的心情左右著，操控著。科技發展到現在，我們利用它幾乎可以做到一切，譬如可以準確地登上月球，可以超遠距離發射火箭去觀察火星，卻無法知道下一刻會擁有怎樣的心情。

說到底，科技掌控的是客觀，是理性；而人，卻是主觀的感性的動物。而主觀與感性，像小孩子的臉，像戀人的情緒，像二八月的天，是最不容易捉摸與掌控的。

人，小時候簡單，長大了複雜；窮的時候簡單，變富了複雜；落魄的時候簡單，得勢了複雜；君子簡單，小人複雜；看自己簡單，看別人複雜。這不由得讓我想起顧城的那首詩：我一會兒看你，一會看雲，我看你時很遠，看雲時很近。簡單與複雜之間，也有這麼一層迷蒙的關係，上一刻遠離了簡單，下一刻就要靠近複雜，而這一刻，不知是遠離了簡單，還是靠近了複雜。

一眼望到底的，似乎很簡單。一口百年古井，幽深，澄澈，也可以一眼望到底，但這口古井，本身卻並不簡單。人也一樣，有時候，一個人可以一眼望到底，並不是因爲他太過簡單，不夠深刻，而是因爲他太過純淨。一個人，有至純的靈魂，原本就是一種撼人心魄的深刻。這樣的簡單，讓人敬仰。

有的人雲山霧罩，看起來很複雜，很有深度。其實，這種深度，是城府的深度，而不是靈魂的深度。這種複雜，是險惡人性的交錯，而不是曼妙智慧的疊加。

心靈財富必備

一、頂尖的心態

凡是頂尖人物都具有要成爲頂尖的心態。你要成爲頂尖的人物，你就必須有頂尖的心態。

人們會慣性地去順服信念的力量，去期望所相信的事會發生，而事實上，心靈的力量是非常有創造力的。每當人們將意念集中在一個事物上時，它將充滿著力量，並能將所期望的東西創造出來。

從古自今，那些成功人士都是先具備這種頂尖心態，然後才產生頂尖的動力並創造出頂尖的成果。

二、空杯的心態

空杯才能容物。如果你此刻就認爲自己已經擁有足夠的智慧，那麼再好的東西都不能進入你的心靈，同樣也無法使你吸取更多的營養。

這是一個需要不斷學習更新的時代，有人說現在畢業的大學生所掌握的知識五年後就已經過時了。爲了能繼續過上幸福和健康的生活，你必須使你的心態不斷地歸零，需要終生不斷地進步，需要保持持續的學習，需要不停地取得成功。

三、堅信的心態

堅信定律告訴人們，人們所堅信的事會表現在行爲的慣性上，人們會極力地證明及保護自己的信念，特別是不好的信念。就像人們所堅信的事物因不斷地注意它、等待它、並且不斷地在心中證明它，結果當堅信的事物終於發生時，然後就會說我早就知道一樣。

堅信什麼你就得到什麼，堅信你會成功你就能獲得成功。你堅信那些自己所期望的東西，那你的心中將逐漸形成一種強大的信念，而這種信念能喚醒實現信念的力量。

堅信潛能無限，堅信心靈財富訓練定會助你成功，只要認真使用，你的成功定會到來，會比當初預料的還快、還輕鬆、自然，還要成功。只有堅信它你才會重視，才會認真運用。

為使你更有效地使用心靈財富訓練，你需要反復練習以下四種基本功：

（一）放鬆基本功

潛能專家談到以身體的訊息來發展知覺和能力時說：「就生理而言，血液通過全身的系統，增進肌肉強度，緩和與刺激神經，調節呼吸，降低過度的緊張，產生鬆弛及平和的感覺，能產生信任、自信、樂觀的態度，擴大生活層面，使人更有活力、更開朗、除去罪惡感……放鬆能使大腦產生。波更輕易地吸收外來的資訊。」

學會放鬆的技巧能夠利用心靈財富訓練有效地進行自我暗示。下面3種練習方法能提高你的放鬆能力。

1. 隨時放鬆法

只要有時間就不斷練習放鬆。按照吸氣、閉氣、吐氣的

順序。（吸氣1、閉氣4、吐氣2／單位：秒）

2. 洗熱水澡法

當你感到渾身緊張或疲倦無力時，可以用熱水洗澡，使你的肌肉放鬆，神經活躍，心靈的煩躁可得以驅除。

3. 靜坐法

簡單地說就是靜靜地坐著，忙裡偷閒。靜坐法是發揮潛能的一種方法，生活越複雜，就越需要平靜和深思。靜坐法是達到內心寧靜、與內心深處接觸的方法。

我們心中有一個可以接近的寧靜地帶，靜坐的目的就是接近這個寧靜和堅強的核心。靜坐時要除去雜念，變得被動，然後依據自己的需要及方向，以不同的方法達到清靜的心境。

（二）注意力基本功

注意力＝事實。潛意識沒有辨別眞假的能力，只要你想像的跟實際達成願望的情景一樣，它就會信以爲眞，並自動地帶著你去實現它。

你看一個人全部都是優點嗎，你喜歡他還是討厭他？你看一個人全部都是缺點嗎，你喜歡他還是討厭他？每個人身上都有優點、缺點，重要的是你將注意力放在哪裡。

培養注意力是一切成功者的基本技能。當你專注於某個事物時，你會想盡一切辦法去解決一切難題，直至獲得成功。

增強注意力可以利用鬧鐘進行練習。要求練習者以放鬆的坐姿或仰臥的睡姿，平心靜氣地傾聽鬧鐘的滴答聲音。

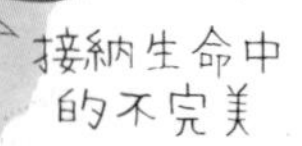

開始聽時，會感到鬧鐘聲音既輕又遠，經過一段時間的鍛煉後，就會感到聲音變響了，變近了。如果練到能感覺出鬧鐘是從周圍牆壁和門窗上反彈回來的時候，這表明所練的人的注意力已集中到了驚人的地步。

堅持做這個練習，可以增強人們鬧中取靜的能力，使自己的注意力集中，強度大大提高。這樣就能夠不怕外界幹擾，在使用心靈財富CD（錄音帶）時的效果也會大幅度地提高。

（三）想像力基本功

想像是對事物進行形象思維，通過加工、改造，創造出新形象的過程。想像在人類生活中起著極其重要的作用。離開了想像，人們不可能有任何的發明創造。

科學理論的假說，設計的藍圖，作家的人物塑造，都離不開豐富的想像力。想像力是創造的驅動力，也是心靈財富訓練中最需要的基本功之一。下面介紹一種想像力練習的簡便方法，它有時僅用幾秒鐘即可完成練習。

（四）假想推測法

假想推測法是指在一般情況下對不會發生的事情的後果進行假設性的自由猜測。比如你將某種事物減少或增加某些特徵，如變小、濃縮、袖珍化、放低、變短、變粗；或換色、分裂、減輕；或變強、變高、變長、變厚；或改變序列、速度、時間；或互換位置、倒過來。

無論哪種結果，都會改變形象。增強積極的想像力。你的想像力越強，在使用成功預演時的效果就會越逼真。潛意識就更會信以爲眞，從而產生強大的驅動力去達成願望。

把握當下的機會

大家都要把握當下的機會，因爲我們都活著。

老人說：

「有一個人有天晚上碰到一個神仙，這個神仙告訴他說，有大事要發生在他身上了，他有機會得到很大的財富，在社會上獲得卓越的地位，並且娶到一個漂亮的妻子。」

這個人終其一生都在等待這個奇跡的承諾，可是甚麼事也沒發生。

這個人窮困地渡過了他的一生，最後孤獨的老死了。

當他上了西天，他又看到了那個神仙，他對神仙說：

「你說過要給我財富，很高的社會地位和漂亮的妻子的，我等了一輩子，卻甚麼也沒有。」

神仙回答他：

「我沒說過那種話。我只承諾過要給你機會得到財富，一個受人尊重的社會地位和一個漂亮的妻子，可是你卻讓這些從你身邊溜走了。」

這個人迷惑了，他說：「我不明白你的意思。」

神仙回答道：

「你記得你曾經有一次想到一個好點子，可是你沒有行動，因爲你怕失敗而不敢去嘗試。」

這個人點點頭。神仙繼續說：

「因爲你沒有去行動，這個點子幾年後被給了另外一個人，那個人一點也不害怕地去做了，你可能記得那個人，他就是後來變成全國最有錢的那個人。」

「還有，你應該還記得，有一次城裡發生了大地震，城裡大半的房子都毀了，好幾千人被困在倒塌的房子裡，你有機會去幫忙拯救那些存活的人，可是你卻怕小偷會趁你不在家的時候，到你家裡去打劫，偷東西，你以這作爲藉口，故忽視那些需要你幫助的人，而只是守著自己的房子。」這個人不好意思地點點頭。

神仙說：

「那是你的好機會去拯救幾百個人，而那個機會可以使你在城裡得到多大的尊榮和榮耀啊！」

廣東獅子會381區感恩之旅讓愛在親密關係中流動

神仙繼續說：

「你記不記得有一個頭髮烏黑的漂亮女子，那個你曾經非常強烈地被吸引的，你從來不曾這麼喜歡過一個女人，之後也沒有再碰到過像她麼好的女人。可是你想她不可能會喜歡你，更不可能會答應跟你結婚，你因爲害怕被拒，就讓她從你身旁溜走了。」

這個人又點點頭，可是這次他流下了眼淚。

神仙說：

「我的朋友啊！就是她！她本來應是你的妻子，你們會有好幾個漂亮的小孩，而且跟她在一起，你的人生將會有許許多多的快樂。」

我們每天身邊都會圍繞著很多的機會，包括愛的機會。可是我們經常像故事裡的那個人一樣，總是因爲害怕而停止了腳步，結果機會就溜走了。

我們因爲害怕被拒絕而不敢跟人們接觸；我們因爲害怕被嘲笑而不敢跟人們溝通情感；我們因爲害怕失落的痛苦而不敢對別人付出承諾。

不過，我們比故事裡的那個人多了一個優勢：

那就是我們可以追尋自己的機會，我們可以從現在起抓住那些機會，我們可以開始去創造我們自己的機會。

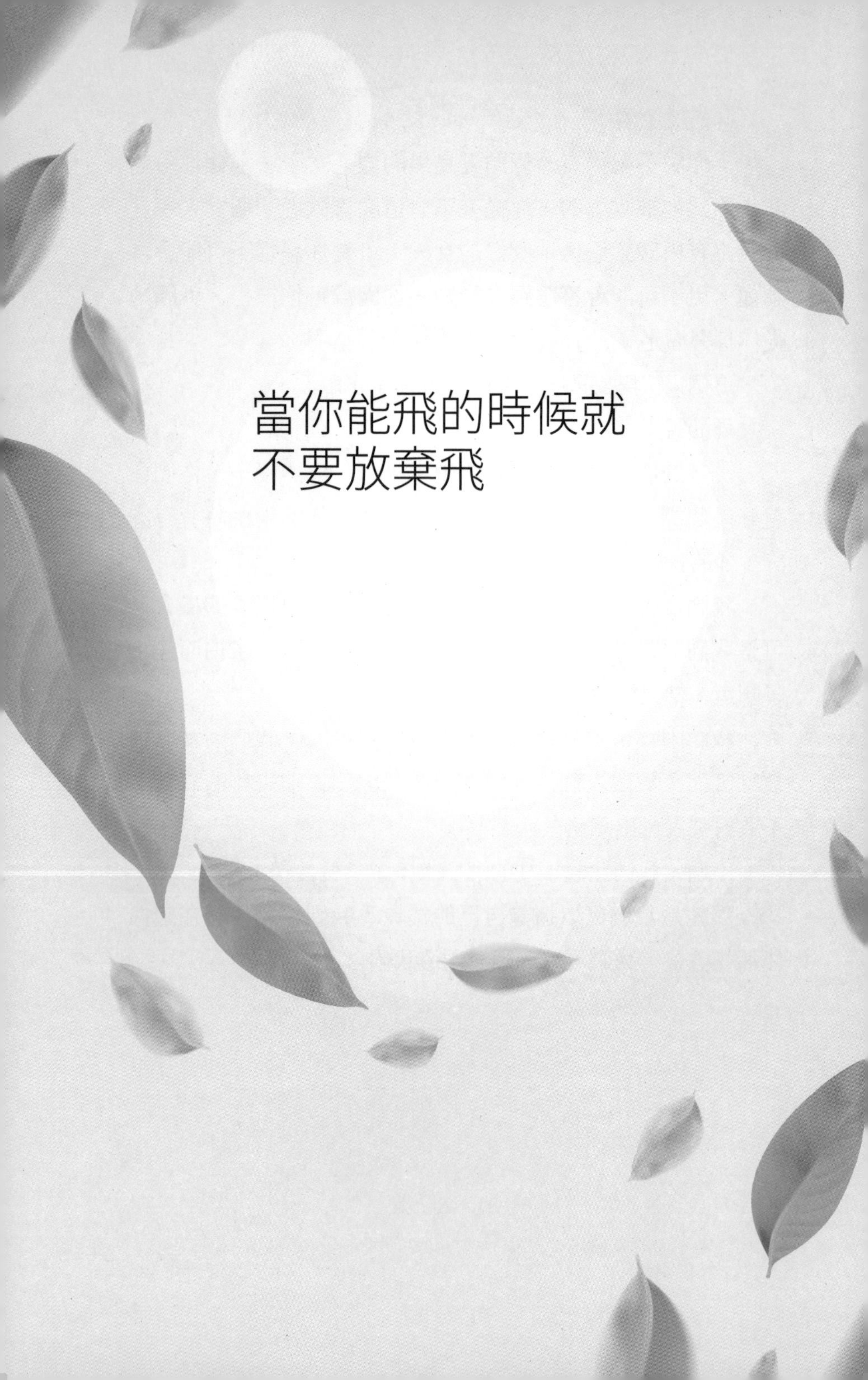

當你能飛的時候就
不要放棄飛

當你能飛的時候就不要放棄飛

生氣是拿別人做錯的事來懲罰自己。

發光並非太陽的專利，你也可以發光。

獲致幸福的不二法門是珍視你所擁有的、遺忘你所沒有的。

貪婪是最眞實的貧窮，滿足是最眞實的財富。

你可以用愛得到全世界，你也可以用恨失去全世界。

人的價值，在遭受誘惑的一瞬間被決定。

不論你在什麼時候開始，重要的是開始之後就不要停止。

不論你在什麼時候結束，重要的是結束之後就不要悔恨。

抱最大的希望，爲最大的努力，做最壞的打算。

世上最累人的事，莫過於虛僞的過日子。

當你能飛的時候就不要放棄飛；

當你能夢的時候就不要放棄夢；

當你能愛的時候就不要放棄愛。

用最少的悔恨面對過去；

用最少的浪費面對現在；

用最多的夢面對未來。

快樂不是因爲擁有的多而是計較的少。

如你想要擁有完美無暇的友誼，可能一輩子找不到朋友。

你不能左右天氣，但你能轉變你的心情。

好好扮演自己的角色，做自己該做的事，活出你的生命，作自己的主角。

生命的每一刻都是一個新的開始

我們為自己的生命經驗負起百分之百的責任。
我們的每一個想法都在建構未來。
生命的著力點就在此刻。
痛苦乃源於怨恨與罪惡感。
它的根本想法就是：「我不夠好。」
而它只是一個想法，想法是可以改變的。
怨恨、批判和罪惡感，皆具有強大的殺傷力。
只有放下怨恨才能解除疾病，即使是癌症亦然。
當我們真正愛自己的時，
生命中每一樣事物都將隨之改變。
我們必須釋放過去並寬恕每一個人。
我們必須下定決心開始學著愛自己。
此刻對自己的自我贊同與自我接納，
是邁入正向轉變的關鍵。
我身體裡的所謂「疾病」，是我自己創造出來的。
在我無盡的生命中，
每一處都是完美、完全和完整，
但亦無時不在改變。
生命沒有起始，也無終點，
只有本體與經驗的無止盡迴圈。
生命永遠不會停頓、靜止或腐朽，
因為每一刻都如此新奇和新鮮。

造物主的力量與我同在，它給了我力量，
讓我創造自己的環境。
我深知在我心中有一股力量，而且我可以選擇
如何去運用它，我爲此而感到喜悅。
當我們從舊有走出時，
生命的每一刻都是一個新的開始。
此時此刻，對我而言是全然的新的起點。

小河流的旅程

有一條小河流從遙遠的高山上流下來，經過了很多個村莊與森林，最後來到了一個沙漠。它想：「我已經越過了重重的障礙，這次應該也可以越過這個沙漠吧！」

當它決定越過這個沙漠的時候，它發現它的河水漸漸消失在泥沙當中，它試了一次又一次，總是徒勞無功，於是它灰心了，「也許這就是我的命運了，我永遠也到不了傳說中那個浩瀚的大海。」它頹喪地自言自語。

這時候，四周響起了一陣低沉的聲音：「如果微風可以跨越沙漠，那麼河流也可以。」原來這是沙漠發出的聲音。

小河流很不服氣地回答說：「那是因爲微風可以飛過沙漠，可是我卻不行。」

「因爲你堅持你原來的樣子，所以你永遠無法跨越這個沙漠。你必須讓微風帶著你飛過這個沙漠，到達你的目的地。只要願意你放棄你現在的樣子，讓自己蒸發到微風中。」沙漠用它低沉的聲音這麼說。

小河流從來不知道有這樣的事情，「放棄我現在的樣子，然後消失在微風中？」

「不！不！」小河流無法接受這樣的概念，畢竟它從未有這樣的經驗，叫它放棄自己現在的樣子，那麼不等於是自我毀滅了嗎？

「可以說是，也可以說不是。」沙漠回答。「不管你是一條河流或是看不見的水蒸氣，你內在的本質從來沒有改變。你會堅持你是一條河流，因為你其實從來不知道自己內在的本質究竟是什麼。」

此時小河流的心中，隱隱約約地想起了似乎自己在變成河流之前，似乎也是由微風帶著自己，飛到內陸某座高山的半山腰，然後變成雨水落下，才變成今日的河流。

於是小河流終於鼓起勇氣，投入微風張開的雙臂，消失在微風之中，讓微風帶著它，奔向它生命中（某個階段）的歸宿。

「我怎麼知道這是眞的？」小河流這麼問。

「微風可以把水氣包含在它之中，然後飄過沙漠，到了適當的地點，它就把這些水氣釋放出來，於是就變成了雨水。然後這些雨水又會形成河流，繼續向前進。」沙漠很有耐心地回答。

「那我還是原來的河流嗎？」小河流問。

我們的生命歷程往往也像小河流一樣，想要跨越生命中的障礙，達成某種程度的突破，往眞善美的目標邁進，也需要有放下自我（執著）的智慧與勇氣，邁向未知的領域。

簡單做人，用心做事

簡單做人，其實是一件很開心很自然的事情。於生活，於人生，便會少卻種種的紛擾和糾纏，隨之得到就是種種的輕鬆和愉快。

人做的簡單，事情也就不再複雜。少了擾心的雜念和私欲，也就沒有了樁樁顧慮和種種考慮，沒有了爾虞我詐和勾心鬥角。卸掉思想的負擔，人就會如釋重負，心靈便會長出翅膀，飛翔也就變的自由自在和無牽無掛。

家庭系統工作坊

如同一個孩子，面對一次讚揚、一個玩具、一次遊戲、一塊石子、一隻螞蟻……就會讓他開心一天一月甚至一年。這一切，就緣於做人的簡單。相對而言，如果人做的複雜了，其他的一切也就變的複雜。複雜的人，凡事總會去求個結果，求個利益，總要去殫精竭慮地去思前想後和平衡得失。這樣一來，精神沒有一刻放鬆，思想難得一時清淨。長此以往，就會陷入沉重，陷入無助，陷入痛苦……以至於不能自拔。快樂，也就成爲了天方夜潭。

簡單做人，說來容易，做來難。其中的深刻和艱難，需要的是思想的精深和靈魂的感悟，需要的是摒棄一切奢求、貪欲和妄想，卸掉一切外衣、面具和僞裝。好比一棵樹，不去掉無用的枝條，參天的追求永遠是空想。

崇尚返樸歸眞，讓心靈變的純樸、自然、厚道，才是簡單做人的本眞。用一個簡單的微笑，一聲暖人的問候，一朵傳情的玫瑰，一次深情的擁抱，一次默契的配合……來表達情懷，溝通心靈，訴說衷腸，表述相知，才是人生的自然。

簡單做人，才能用心做事。簡單是一種美，一種境界。置身其中，便會忘卻工作的疲憊，生活的煩惱，人生的憂愁。做人，只要根植於簡單這塊土壤，綻放出的人生之花，必定是芬芳而持久。

選准自己的位置

山裡人有一尊巨大的石像，石像面朝下躺在泥地裡，他毫不理會。對於他來說。這不過是一塊石頭。一天，一個城裡的學者經過他家，看到了石像，便問這個人能不能把石像賣給他。這個山裡人聽了哈哈大笑，十分懷疑地說：「你居然要買這快又髒又臭的石頭，我一直爲沒辦法搬開它而苦惱呢！」

「那我出一個銀元買它。」學者說。山裡人很高興，因爲他得到了一個銀元，又搬走了石頭，這使他的門前場地寬敞多了。

石像被學者設法運道了城裡。幾個月後，那個山裡人進城在大街上閒逛，看見一間富麗堂皇的屋子前面圍著一大群人，有一個人在高叫著：「快來看呀，來欣賞世界上最精美，最奇妙的雕像，只要兩個銀元就夠了，這可是世界上頂尖的作品！」

於是，他付了兩個銀元走進屋子去，想要一睹爲快。而事實上他看到的正是他用一個銀元賣掉的那尊石像，可是他已無法認出這曾經屬於他的石像了。

寶貝放錯了地方就是廢物。其實人與人之間沒有什麼本質的區別，就像天空中的繁星，都有自己的位置，雖然有的燦爛，有的暗淡，但是只要換一個位置，我們就能發現星星各自的光輝。對於成功而言，最關鍵的有時是選准自己的位置和目標。

等，人生的彩虹

人生的課題中，重要的並非我們置身何處，而是前往何處

有位富商趕著去開會，當他走到大門口時，看到一位衣著破舊的人以哀求的口吻在推銷著鉛筆。

這位富商覺得他很可憐，就給了他一百塊錢，匆匆的走入大廳。走著走著，富商覺得不妥，就又折了回去，再次來到此人面前，向他要了幾枝鉛筆，然後抱歉地解釋說：「我那一百塊錢是向你買鉛筆的，對不起哦！我們都是商人嘛！」

過了一年，這位商人又去參加一次社交聚餐，吃到一半時，突然有一位衣著亮麗的商人，走了過來，對富商說：「先生，你可能已經忘記我了，但我是永遠都忘不了你的。你就是那位給我自尊、自信的人，我一直以爲自己是一個推銷鉛筆的乞丐，你卻適時地提醒了我，我是一個商人！從此我就開始努力推銷鉛筆。」

說完就遞上一張名片，他已是一位成功的行銷經理了。

欲望是思想的熱病，他能使我們衰弱，不能使我們堅強

一位計程車司機將一包垃圾放在後車座上，忘了拿去丟。

後來這部計程車載了一位女士，女士一上車，發現那包

東西，她心想：「一定是前面那位乘客遺留下來的。」她隨手摸了一下，滿滿鼓鼓的，她就乘司機專心開車之際，偷偷將那包東西塞進她隨身帶的包包中。

眞不知當她發現那包東西竟是垃圾的時候，感覺會如何！

在生活裡，我們不也常常隨手取走一些自認爲很珍貴的東西，其實，那也只不過是一些垃圾罷了。中國北方用驢推磨，怕牠懶惰不肯用力，就先把驢眼蒙起來，讓牠看不見，再將花生醬抹在驢鼻子上，驢子聞到香味，以爲前面一定有好吃的食物，就會拼命的往前衝。

其實我們也常常追逐這個，追逐那個，到頭來往往也是空忙一場，跟驢子又有什麼兩樣呢？

人生中，如果沒有「等」的期待，就沒有希望與夢想

以前我不喜歡「等」。走在馬路上，我討厭等紅燈；搭公車時，我討厭一站站地停；買東西時，我討厭排隊結帳；到館子吃飯，我更討厭站著等位子。人的生活好像是一連串「等」的組合。

一次我到關渡，看到有一群人，手裡拿著望遠鏡，對著藍天，對著那一片泥沼，對著那整片紅樹林望著。我不禁好奇地趨前問他們：「你們在望什麼啊？」

只見他們理所當然地回答我：「我們在等啊！」

「等什麼？」

「等鳥飛過來！」

又有一次，我到海邊玩，看見許多人手裡握著釣竿，面

向大海，把線拋得遠遠的，每個人的眼神充滿了篤定。我問其中一人：「你們面對大海，心裡在想什麼呢？」

他們說：「我們在等啊！」

「等什麼？」

「等魚兒！」

於是，我也開始在生活中學習「等」的感覺。等著紅燈變綠燈，等著太陽升起，等著夜晚變白天，等一種「沉澱」。我開始有了享受。「等」可以使心情變得美好起來！

在音樂裡，如果沒有休止符，那只是噪音。

在一幅畫裡，如果沒有空白，那就是雜亂。

而人生中，如果沒有「等」的期待，就沒有希望與夢想。

在下雨時，我等著太陽出來；當陽光透出雲際的同時，我等到了彩虹。

您所給予的都會回到您身上

有一個外國名人說過這樣一句話，大意是：促成一個人成功的因素，專業知識只占15%，另外85%是來自於他的修養、人際關係、處世能力、應變能力等等。我對此頗有感觸。

我曾看到過這樣一個故事：一個畢業班的班主任帶著他的五十幾個學生到一個大集團公司參觀，由於該集團的老總是班主任的同學，因此老總親自接待，祕書和工作人員也非常客氣。

祕書將同學們安排在一個有空調的大會議室坐定，工作人員給每個學生倒了一杯水。

學生們坐在那裡非常坦然，沒有客氣，其中還有一個女同學問工作人員有沒有紅茶？理由是她平時只喝紅茶。

只有一個同學起身雙手接過工作人員遞過來的茶並客氣地說了聲：「謝謝，您辛苦了！」

老總辦完事情急急忙忙趕過來連聲道歉：「對不起，對不起，讓你們久等了。」

竟然沒有人應聲，還是老師和前面所說的那位同學帶頭鼓起了掌，但掌聲稀稀落落。

老總開始講話，發現同學們端坐著沒有人做記錄，於是轉過身對祕書說去領一些公司的筆記本和筆來。

然後老總面帶笑容地雙手遞給每一個學生，遞著遞著老總的笑容沒有了，因爲學生們都是伸長著一隻手臂去接，有的學生根本就不起身，更沒有人說聲：「謝謝！」

只有剛才那個同學畢恭畢敬地站起來雙手接過紙和筆，並連說兩聲：「謝謝！謝謝！」

畢業分配的時候，該同學接到了那個大公司的錄用通知書。其他同學非常不服氣：他的成績並沒有我好，憑什麼讓他去而不讓我去？

老師一邊歎氣一邊說：我帶你們去參觀的眞正目的是想給你們創造機會，可是你們都失去了，該公司點名要這位同學，我有什麼辦法呢？

您所給予的都會回到您身上。

不論你傷害誰，就長遠來看，你都是傷害到你自己，或許你現在並沒有覺知，但它一定會繞回來。

凡你對別人所做的，就是對自己做，這是歷來最偉大的教誨。

不管你對別人做了什麼，那個眞正接收的人，並不是別人，而是你自己；同理，當你給予他人，當你爲別人付出，那個眞正獲利的也不是別人，而是你自己。

你給別人的，其實是給自己的。

農夫的哲理

有一個農夫的玉米品種，每年都榮獲最佳產品獎，而他也總是將自己的冠軍種籽，毫不吝惜地分贈給其他農友。有人問他爲什麼這麼大方？

他說：「我對別人好，其實是爲自己好。風吹著花粉四處飛散，如果鄰家播種的是次等的種籽，在傳粉的過程中，自然會影響我的玉米品質。因此，我很樂意其他農友都播種同一優良品種。」

他的話看似簡單卻深富哲理，凡你對別人所做的，就是對自己所做的。

所以，凡事你希望自己得到的，你必須先讓別人得到。

贏家心態

態度可以是踏腳石，令我們步步高升，扶搖直上；態度也可以是絆腳石，令我們一跌不起，一敗塗地。最重要的，當然在於我們的態度是積極的還是消極的。態度是思想的習慣，是一件事情的兩個極端看法。

面對香港現在的經濟逆境，無論是企業或是個人的層面，都面臨很大的挑戰。有「可能思想之父」稱號的蕭律柏（Robert H. Schuller）先生有一句名言，就是「逆境不再，強者永在」。要面對逆境，甚致戰勝逆境，就要有強者的心態，這也是一種態度。每個人都有權選擇自己的生活態度，而態度則影響我們待人處事的方法，始終生活都是由我們的思想造成。選擇積極進取、力求突破，還是消極退讓、虎頭蛇尾，對自我發展或戰勝逆境都極爲重要。

有研究態度的專家說：「態度是行爲的表現（Attitudeisshowing）。」中國人說：「有諸內，形於外。」換句話說，態度的積極性，不單在於思想方面，而是反映在行動之中，知而不行，並非眞眞正正的積極。

究竟在你內心的字典裡，什麼叫做「態度」呢？你可能會說態度是心態，是行爲方式，是反映內心世界……其實，態度是我們思想的習慣。當一次再一次地思想積極的事，便養成了積極的態度，當反復思想消極的事，便養成了消極的態度。

不知道你有沒有乘過火車呢？

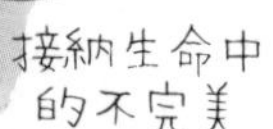

你可能認爲我問了一個蠢問題，但假如你是生活在一百年前的英國，我相信當時的人都沒有乘火車的經驗，因爲火車才剛剛面世。當時的人患了「火車恐懼症」，原因是不懂乘坐火車要注意的事項。英國鐵路局有見及此，印行了一本小冊子，指導乘客乘火車須知。在小冊子中，其中有三項建議：

第一、乘客要知道自己的目的地。

第二、乘客要知道火車開行時間及轉車地點。

第三、乘客請帶輕便隨身行李。

其實，人生之旅何嘗不是應該訂立清楚目標，瞭解成功是一次旅程，而並非終站。要把握時機，勇於開始，也需要懂得變通，轉變生機，最重要的是，要拋開消極的思想包袱，才能夠瀟灑上路，在路途中不斷創造。

前事不忘，可以是後事之師，也可以令人心惶惶，因爲不好的經驗，例如自己經常埋怨昨天如何不幸，上個月生意如何不境，上天如何弄人等等思想的包袱，會影響今天不能夠專注及積極地生活。所以，讓我們從經驗中學到教訓，然後將不好的經驗埋葬，並深信昨天並不等於明天，最重要是今天的努力！

我認爲態度就好象一個放大鏡，我們將放大鏡作不同的對焦，得到完全不同的效果。例如當我們將放大鏡消極地對焦於昨日，得到的結論可能是：昨日傷痕累累，豈能一錯再錯？不如不求有功，但求無過。當我們將放大鏡消極地對焦於明日，得到的結論可能是：明日變幻莫測，不用談理想，也不必作計畫。

相反地，當我們以積極的態度，將放大鏡對焦昨日，我們將能夠更看清楚錯誤的原因，從中得到學習的機會。當我們以積極的態度，將放大鏡對焦於明日，我們更能預見未來的挑戰，做好準備，面對未來。

由此可見，消極的態度，令我們浪費了不少精力；積極的態度，令我們將所有注意力集中於今天，因爲昨天及明天都變成了推動力，情況就好象放大鏡將所有光源聚焦於一點，能夠產生百度的高溫一樣。這就是追求卓越的熱情（Passion），也是成功人士必須有的熱切渴望（BurningDesire）！

請你相信：是態度而非能力決定你的成就。（Attitude not aptitude determines your altitude.）

成功者只是勇於去做一些別人可以做，但不願意做的事情，成功者並非三頭六臂，而是態度及行動都比別人積極。

我的信念是「改變態度，改變世界」。而我所說的「世界」，包括「現實世界」及「思想世界」。

多年前，我參加過一次相當特別的訓練，名爲「赤足過火：專注的力量」（TheFirewalkDiscovery:PowerofFocus），導師是博勤先生（TollyBurkan），被譽爲「赤足過火之父」，許多一流訓練人都是他的學生。

博勤先生提供的三項原則，對於打破劃地自限的心態（Self-LimitingAttitude）有很大幫助：

第一、百分之一百專注，全情投入——車禍、生意失敗、健康有問題、人際關係疏離，原因都是違背了以上原則。沒有全心全力，想不斷改善，取得佳績，談何容易！在

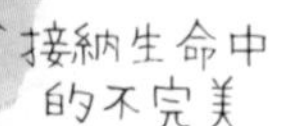

赤足過火之前，專注傾聽自己的內在訊號，尊重自己的決定，可以免受不必要的傷害。

第二、做最好準備，作最壞打算——許多人的思想都偏向消極，因爲常作壞打算，反而沒有做最好準備，本末倒置，令最壞打算變成自我預言。在赤足過火前，細心聆聽導師的指示，就是最好準備，萬一燒傷，也要承擔責任，就是最壞打算。對自己的決定負責，也許是一生最重要的一課！

第三、勇於開始——這包括先分析目前自己的情況，然後決定何去何從，最重要的是要有行動計畫，勇於開始，依計行事，否則都只是紙上談兵，不設實際。

其實，路是人走出來的，我們每天要決定走甚麼路，何去何從，積極決定進取，消極決定退縮。

積極的人，可以在消極的環境，仍然保持積極；消極的人，就算處身最積極的環境，也可以維持消極。請你記住，積極態度是一種選擇（AMatterofChoice）。

有許多醫學上的研究指出，病人的意志與復原的速度成正比，甚至一些被認爲是不治之症，也透過積極的態度的幫助，不藥而愈。

此外，猶太裔心理學家法蘭柯（ViktorFrankl），在第二次世界大戰期間，被關進納粹集中營，九死一生的經歷，令他領悟到人生有三種重要的價值，詳細內容記載於他的著作《追求人生意義》（Man’sSearchforMeaning）。

人生的價值：

一、經驗價值（TheExperientialValue）——主要來自

遭遇

二、創造價值（TheCreativeValue）——來自個人創意

三、態度價值（TheAttitudinalValue）——面對逆境的積極態度

以上三項法蘭柯提出的人生價值，以態度價值境界最高。

最後，想與你看看以下一位美國人的生平：

二十一歲失業；

二十二歲角逐州議員落選；

二十四歲生意失敗；

二十六歲妻子逝世；

二十七歲精神崩潰；

三十四歲角逐聯邦衆議員落選；

三十六歲角逐聯邦衆議員再度落選；

四十五歲角逐聯邦參議員落選；

四十七歲提名副總統落選；

四十九歲角逐聯邦參議員再度落選。

終於經過三十一年不斷的努力，永不放棄的信念和態度，令他在五十二歲當選為美國第十六任總統。他就是最受美國人敬仰的美國總統之一的林肯總統。

我相信「改變態度，改變世界」！

是態度而非能力決定你的成就。

Attitude not aptitude determines your altitude.

老得太快卻聰明得太遲

把錢省下來，等待退休後再去享受。

結果退休後，因爲年紀大，身體差，行動不方便，哪裡也去不成。

錢存下來等養老，結果孩子長大了，要出國留學、要創業做生意、要花錢娶老婆，自己的退休金都被劫走了。

當自己有足夠的能力善待自己時，就立刻去做，老年人有時候是無法做中年人或是青少年人可以做的事，年紀和健康就是一大因素。

小孩子從小就告訴他，養你到高中，大學以後就要自立更生，要留學、創業、娶老婆，自己想辦法，自己要留多一點錢，不要爲了小孩子而活。

我們都老得太快卻聰明得太遲。

我的學長去年喪妻，這突如其來的事故，實在叫人難以接受，但是死亡的到來不總是如此嗎？

學長說他太太最希望他能送鮮花給他，但是他覺得太浪費，總推說等到下次再買，結果卻是在她死後，用鮮花佈置她的靈堂。

這不是太愚蠢了嗎？！

等到……等到……似乎我們所有的生命，都用在等待。

「等到我大學畢業以後，我就會如何如何」我們對自己說。

「等到我買房子以後！」

「等我最小的孩子結婚之後！」

「等我把這筆生意談成之後！」

「等到我死了以後」

人人都很願意犧牲當下，去換取未知的等待；犧牲今生今世的辛苦錢，去購買後世的安逸。

……

在臺灣只要往有山的道路上走一走，就隨處都可看到「農舍」變「精舍」，山坡地變靈塔，無非也是爲了等到死後，能圖個保障，不必再受苦。

許多人認爲必須等到某時或某事完成之後再採取行動。

明天我就開始運動。

明天我就會對他好一點。

下星期我們就找時間出去走走。

退休後，我們就要好好享受一下。

然而，生活總是一直變動，環境總是不可預知，在現實生活中，各種突發狀況總是層出不窮。

身爲一個醫生，我所見過的死人，比一般人要來得多。

這些人早上醒來時，原本預期過的是另一個平凡無奇的日子，沒想到一個意料之外的事，交通意外、腦溢血、心臟病發作等等。

那個生命的巨輪傾覆離軌，突然闖進一片黑暗之中。

那麼我們要如何面對生命呢？我們毋需等到生活完美無瑕，也毋需等到一切都平穩，想做什麼，現在就可以開始做起。

一個人永遠也無法預料未來，所以不要延緩想過的生活，不要吝於表達心中的話，因爲生命只在一瞬間。

記住！給活人送一朵鮮花，強過給死人送貴重的花圈。每個人的生命都有盡頭，許多人經常在生命即將結束時，才發現自己還有很多事沒有做，有許多話來不及說，這實在是人生最大的遺憾。

別讓自己徒留「爲時已晚」的空餘恨。

逝者不可追，來者猶未卜，最珍貴、最需要即時掌握的「當下」，往往在這兩者蹉跎間，轉眼錯失。

人生短暫飄忽，包得有一首小詩這樣寫：高天與原地，悠悠人生路；行行向何方，轉眼即長暮。

正是道盡了人生如寄，轉眼即逝的惶恐。

有許多事，在你還不懂得珍惜之前已成舊事；有許多人，在你還來不及用心之前已成舊人。

讓愛在生命中流動工作坊

遺憾的事一再發生，但過後再追悔「早知道如何如何」是沒有用的，

「那時候」已經過去，你追念的人也已走過了你。

一句瑞典格言說：「我們老得太快，卻聰明得太遲。」

不管你是否察覺，生命都一直在前進。

人生並未售來回票，失去的便永遠不再。

將希望寄予「等到方便的時間才享受」，我們不知失去了多少可能的幸福。

不要再等待有一天你「可以鬆口氣」，或是「麻煩都過去了」。

生命中大部分的美好事物都是短暫易逝的，享受它們、品嘗它們，善待你周圍的每一個人，別把時間浪費在等待所有難題的「完滿結局」上。

找回迷失的生命，死亡也許是免費的——但是，卻要付出生命的代價。

勸大家一句話：把握當下，莫等待。

用寧靜心擁抱世界

讓美好的事物在這個世界上散播開來

生命非常簡單，我們所付出的，轉眼就能將它們收回來。

那個最難讓你寬恕的人，正是你最需要寬恕的人。

寬恕意味著放棄、放手，讓它離開。寬恕意味著不再去做什麼，把整個事情丟棄就是了。

愛自己是從「不再因爲任何事情而責怪自己」開始的。

每當出現問題的時候，不是應當去做什麼，而是應當去懂得什麼。

你最不願意改變的地方正是你最需要改變的地方。

愛是從任何病症中康復的一劑良藥。寬恕則是通往愛的途徑。

當我學習愛自己時，我才知道了我是誰。

只有在你對自己感覺良好的時候你才會眞正富裕。

放鬆自己、集中精力、平心靜氣才是眞正的強壯和安全。

發生了什麼並不重要，重要的是我們如何對它作出反應。我們自己對自己的每一次經歷負責。

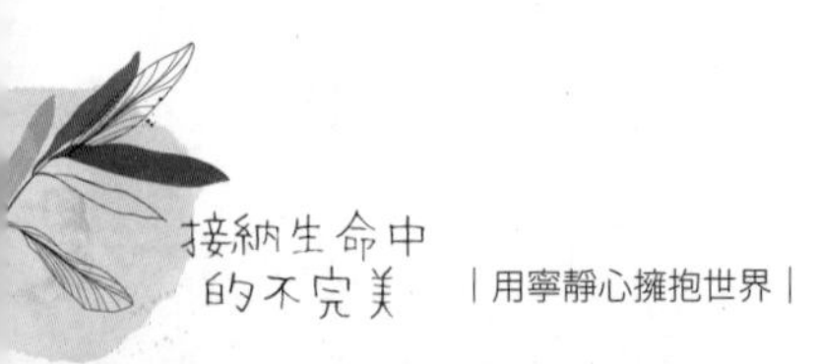

發現你的使命

「遊手好閒沒事做，魔鬼找活給他做。」

不要因爲失業，而喪失自尊。提醒你自己，除了工作以外，還有很多其他自我定位的方式。

我們知道，工作是負擔，也是責任；是禍，也是福。很早以前我們就認識到，失業會令人心理不安，這並非由於失業造成的經濟上的窘困，而是它使人喪失了自尊。工作是人性的延伸。它是一種成就。它是一種幫人定位自我，評價自身價值和品性的方式。

關於敬業與工作，《聖經》第22章29節：你看見辦事殷勤的人嗎？他必站在君王面前，必不站在下賤人面前。

馬克斯·韋伯在名著《新教倫理與資本主義精神》中寫道：職業思想便引出了所有新教教派的核心教理——上帝應許的唯一生存方式，不是要人們以苦修的禁欲主義超越世俗道德，而是要人完成個人在現世界裡所處地位賦予他的責任和義務。這是他的天職。

詹姆斯·H·羅賓斯在《敬業》中對工作的定義：工作是人的天職。蜜蜂的天職是采花造蜜，貓的天職是抓捕老鼠，蜘蛛的天職是張網捕蟲，而狗的天職就是忠誠地服務主人。造物主似乎對每個物種都有了職責上的安排。人來到世上，並不是爲了享受，而是爲了完成自己的使命和安排。

孔子說：「吾十有五而志於學，三十而立，四十而不惑，五十而知天命，六十而耳順，七十而從心所欲，不逾矩。」

「天命」就是明白了自己的使命。這是孔子對自己一生職業生涯的高度總結與概括。現代的職業觀，尤其是成功的概念，隨著時空歷史等等的演進發上了巨大的變化。我們現在當然並非也都要等到五十歲才「知天命」——一個人的價值觀越早穩定越早「磁化」越好。

勤勞是窮人的財富，富人的智慧。但是如果你對自己所從事的工作沒有達到敬畏的程度，沒有把工作和你的畢生追求聯繫起來，換句話說，如果你沒有從工作中發現神聖感和使命感，那麼你的勤勞就無法讓你的生命充分發揮其應有的價值。

今天的定位決定了未來的地位。

取乎其上，得乎其中；取乎其中，得乎其下。

你的定位是什麼？你的使命和安排又是什麼？

金錢能量與自我生命工作坊

尋求感情支持

現代女性不再全部仰仗男人的「豢養」與保護，她們希望男人也能滿足她們情感上的需要；現代男性對女人的期許也不再局限於主婦和母親兩個角色上，他們更希望女人能滋潤他們的感情生活，而不是把他們當成孩子般寵愛。

我倒不是說上一代的人不需要感情支援，只是它不是上一代對婚姻的主要期許。對上一代的人來說，如果老爸能好好工作，供養家計，老媽就會心滿意足；如果老媽肯把家裡和孩子管理教育好，不去煩老爸，老爸也就沒什麼好抱怨的了。

然而，上一代人的需求並不能滿足我們這一代人。我們不再樂於像他們那樣去犧牲、委屈自己，而是希望從唯一的伴侶身上，得到恒久、熱情而幸福的親密關係。若是得不到，許多人寧可犧牲婚姻，置個人的私欲於家庭的完整之上。

比上一代要求得更多，其實也沒什麼不對，這並不是自我縱容的表現。時代不同了，我們的價值觀也應不同於長輩。

如果希望獲得令人滿足的感情生活，離婚或自我犧牲其實都不是解決的辦法，而是應該去學習、創造一種能滿足個人需求的兩性關係和婚姻。

現代人並不是缺乏愛，而是希望能付出並接受更多的愛。

除非學會讓愛持久的新技巧，否則兩性關係只會讓人失望，離婚率也將居高不下

漫漫人生路

漫漫人生路，我們需要品嘗各種各樣的人生滋味，需要體驗各種各樣的心境。正是所謂「咸淡人生」。鹹的是指強烈的信念、熾熱的情感、劇烈的痛苦、沉醉的癡迷、徹骨的孤獨、狂熱的愛戀；淡的是輕鬆的自由、適當的沉默、細心的關懷、溫和的知足、偉大的平凡……生命眞是奇妙的東西，生命的現在時，鬥轉星移，瞬息萬變；生命的將來時，物我永恆，回歸自然。生命的形態與現在、將來、自然、宇宙是融爲一體的，這是生命的圓融性。人生，度過了陽春、麗夏，到了生命的秋天，不要見秋霜而悲白髮、見殘花而淚紅顏、見歸鴻而思故舊、見寒蟬而歎餘生、見秋風秋雨而「夜夜聞鈴斷腸聲」。

六字箴言：「不要怕」、「不後悔」。人生在世，中年以前不要怕；中年以後不後悔。輕言放棄，就是失敗，人啊，要對自己的生命負責！人生苦短，要想不虛擲年華，就要學會永不言棄。人，要自強、自信、自尊、自立。有依靠自己的力量的信心。不向任何壓力低頭，接受挑戰。走出情緒低谷，揚起生活的風帆。

欣賞是一種力量

隨筆看了一點書，我知道：歷史上凡是成就了一番大業者，多是心地坦蕩、襟懷坦白之人。現實生活中，一個人是不是胸懷寬闊，很重要的一點就是看他是否欣賞他人，又是如何欣賞別人。一個人如果視同道是冤家，看他人一無是處，「他是傷疤我是花」，最終自己也將難有大作爲。只有學會欣賞別人，才能爲自己的發展提供「雨細魚兒出，風輕燕子斜」般和諧的人際環境。

欣賞他人，實是一種眞本相，一種高境界。在這方面，名人的作爲就是一面明鏡，一把尺規。一年秋天，屠格涅夫在打獵時，無意間撿到一本皺巴巴的《現代人》雜誌。他隨手翻了幾頁，竟被一篇題爲《童年》的小說所吸引。作者是一個初出茅廬的無名小輩，但屠格涅夫卻十分欣賞。他四處打聽，幾經周折，終於找到了作者的姑母，表達了他對作者的肯定與欣賞：「這位青年人如果繼續寫下去，他的前途一定不可限量！」作者收到姑母的信後欣喜若狂，他本是因爲生活苦悶而信筆塗鴉寫小說的，由於名作家屠格涅夫的欣賞，竟一下子點燃了其創作的火焰，找回了自信和人生目標，於是一發而不可收拾地寫了下去，最終成爲具有國際聲譽和世界意義的藝術家和思想家。他就是偉大的列夫·托爾斯泰。

欣賞他人，需要具有一種寬廣的胸襟和一種無私的勇氣，也可能是一種超然的智慧和一種普度的藝術。欣賞他人，可以是出自愛才之心、容才之量，也可以是助人之難、解人之惑。有的時候，這種欣賞會在不知不覺中，改變他人的命運。臺灣著名作家林清玄青年時代做記者時，曾報導過一個小偷作案手法非常細膩，犯案上千起。文章最後情不自禁感歎：「像心理如此細密，手法那麼靈巧、風格這樣獨特的小偷，做任何一行都會有成就的吧！」林清玄不曾想到，他率眞率性寫下的這幾句話，竟影響了一個青年的一生。如今，當年的小偷已經是臺灣幾家羊肉店的小老闆了！這是文字和思想的力量，又何嘗不是一種勸人悟道的魅力！

欣賞是一種理解的延伸，是一種知性的壯美，是一種激勵的本領，是一種無窮的力量。一切力量本身都是有局限性的，因爲它們產生著遲早將和它同等或超過它的力量。欣賞他人則簡單地始終地在起作用，它不產生阻礙它的對立關係。它製造一種平和、平等的關係，它排除誤解和不信任，通過呼喚眞誠與寬容，從而以人性的暖色、人文的關懷，強化了他人，昇華了自我。因此，欣賞他人始終是一種動力和活力。這種力量的源泉在於一個人「心中有光」，有一顆仁慈、寬容、博愛之心，有一份熱誠，坦蕩、無私之情。在這一點上，先哲培根的話最是經典：「欣賞者心中有朝霞、露珠和常年盛開的花朵；漠視者冰結心城，四海枯竭，叢山荒蕪。」

人類本質中最殷切的要求是渴望肯定。現實生活中，人人都渴望得到欣賞。這對於不少人獲取人格的力量，確立價值的標準，樹立向上的自信，鼓起前進的勇氣，有時候眞有「功夫在詩外」的作用。林肯有一次在信裡說：「每一個人都喜歡人家的讚美。」威廉．詹姆斯則說：「人性中最深切的心理動機，是被人賞識的渴望。」不少人在欣賞中建立自信，茁壯成長。

多一點欣賞，少一點挑剔，多一些鼓勵，少一些指責，於人於己都重要著呢。

金錢能量與財富人生工作坊

用寧靜心擁抱世界

心是人的主宰，具有很大的力量，所以我們應該隨時隨地注意自己的起心動念。

我們每天都要接觸很多人，在頻繁的接觸中，難免會跟別人發生摩擦或衝突，或是因為外界事物而影響自己的心境，這是現代人普遍的困擾之一。

想要常保一顆寧靜的心，是一門很深的學問並不容易做到，當我們登上高山或是站在海邊時，一望無際的景色，讓我們敞開心門，此時世間紛紛擾擾的煩惱都會消失無蹤。因此有人說：心有多大，世界就有多大。

我們的心，如果也能夠像原野、海洋、天空一樣開闊就能夠容下無限的東西，也更能享受生命的自由。

禪宗特別強調「平常心」這三個字。所謂平常心，就是指我們非常清楚環境裡的是是非非、好壞美醜，對所有現象一目了然，但卻絲毫不受影響。即使身處在那樣的環境裡，也不會隨外境起舞，也就不會受環境裡的種種情況影響而浮動。

人有了定力之後就不容易被外在情況動搖能保持身心安定，能把自己的情況看得很清楚，對於能做、不能做、該做、不該做的事，也都非常清楚，這就是智慧。

要讓心保持清明安定，就不要心隨境轉。心隨境轉是指失去自己的主宰，老是被環境的動態所影響也就是說發生狀況的時候心不要立刻被當下的環境所動，最簡單的方法就是觀察呼吸從鼻孔出入的感覺，或是觀察內心的感受。只要將注意力放在身體的感受上，心情就會安定下來。

其實煩惱心未必都是不好的，事實上它是清明心的基礎。因爲對於有善根的人，遇到困擾時，覺得這是一種麻煩，希望能夠將它轉變爲寧靜、清明的心。這時候，煩惱心反倒是一種助緣了。所以，如果懂得以智慧、慈悲來處理問題，心裡就不會經常打結而能清明自在。那不管處身在任何的狀況中都可以保持平靜、穩定、自主、自在的心境。閉上眼睛好好的想想，自己是不是因爲心浮氣燥而搞砸過很多事？自己是不是常常被環境左右被人所影響？自己是不是常常爲了小事生氣不放過自己？

「心裡放不下別人，是沒有慈悲；心裡放不下自己，是沒有智慧。」

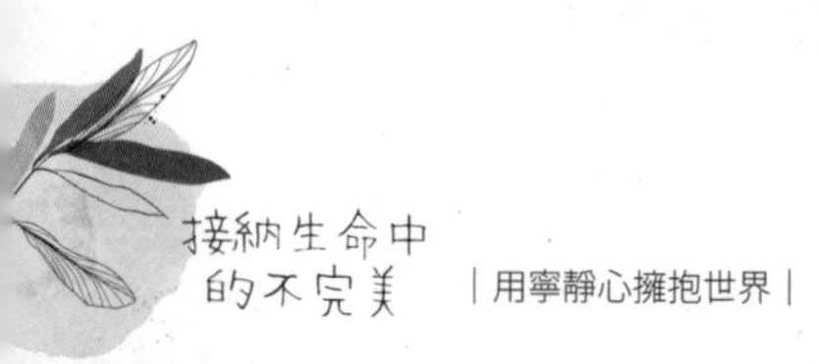

當你不再喜歡自己正在做的事

當你不再喜歡自己正在做的事，這就表明你需要嘗試新的事物。如果是這種情形，發展新的會比你堅持舊有的給你帶來更多的豐裕。你一直在改變和成長，當你一直在做著你喜歡做的事情，你就會將符合真正的你的新形式吸引進你的生活。

你愈有機會去從事你愛做的活動，你此生要貢獻給這個世界的就會愈來愈多，而你也將會吸引來更多的豐富和繁盛。

如果你想要吸引一個生活夥伴作爲你的靈魂伴侶，你必須放棄一些幻想。其一是你的靈魂伴侶是某個與你共度餘生的人。你與靈魂伴侶的關係可以爲期數星期、數月或數年。你們的結合的品質以及它在你生命中的重要性與時間無關。

你不必改變自己，你只要愛自己就夠了。

靈性的成長是你此生最值得去努力成就的事情。

尋找並創造你的生命工作，將會帶給你更多的豐盛，這是你做任何其他的個別行動所不能的。你的生命工作涉及到那些你愛做的事，而這些事將會在某些方面對人類更偉大的善有所貢獻。有時你甚至不需要想太多，就是去做你愛做的事，財富自然會成爲其副產品，毫不費力地流進你的生活中。

每一件發生的事都在試圖幫你朝你更高的自我邁進。

提醒幸福

請從此注意幸福！

幸福也需要提醒嗎？

提醒注意跌倒……提醒注意路滑……提醒受騙上當……提醒榮辱不驚……先哲們提醒了我們一萬零一次，卻不提醒我們幸福。

也許他們認爲幸福不提醒也跑不了的。也許他們以爲好的東西你自會珍惜，犯不上諄諄告誡。也許他們太崇尚血與火，覺得幸福無足掛齒。他們總是站在危崖上，指點我們逃離未來的苦難。但避去苦難之後的時間是什麼？

那就是幸福啊！

享受幸福是需要學習的，當幸福即將來臨的時刻需要提醒。人可以自然而然地學會感官的享樂，人卻無法天生地掌握幸福的韻律。靈魂的快意同器官的舒適像一對孿生兄弟，時而相傍相依，時而南轅北轍。

幸福是一種心靈的振顫。它像會傾聽音樂的耳朵一樣，需要不斷地訓練。

人們喜愛回味幸福的標本，卻忽略幸福披著露水散發清香的時刻。那時候我們往往步履匆匆，瞻前顧後不知在忙著什麼。

幸福的時候，我們要對自己說，請記住這一刻！幸福就會長久地伴隨我們。那我們豈不是擁有了更多的幸福！

所以，當我們從天涯海角相聚在一起的時候，請不要

躊躇片刻後的別離。在今後漫長的歲月裡，有無數孤寂的夜晚可以獨自品嘗愁緒。現在的每一分鐘，都讓它像純淨的酒精，燃燒成幸福的淡藍色火焰，不留一絲渣滓。讓我們一起舉杯，說：「我們幸福。」

幸福並不與財富地位聲望婚姻同步，這只是你心靈的感覺。

所以，當我們一無所有的時候，我們也能夠說：「我很幸福。因爲我們還有健康的身體。」

當我們不再享有健康的時候，那些最勇敢的人可以依然微笑著說：我很幸福。因爲我還有一顆健康的心。

甚至當我們連心也不再存在的時候，那些人類最優秀的分子仍舊可以對宇宙大聲說：「我很幸福。因爲我曾經生活過。」

常常提醒自己注意幸福，就像在寒冷的日子裡經常看看太陽，心就不知不覺暖洋洋亮光光。

善於放棄是一種智慧

從小到大，我們受到的教育都是如何努力，如何堅持，如何永不放棄。其實，很多時候，我們更需要學會如何放棄。

小溪放棄平坦，是爲了回歸大海的豪邁；黃葉放棄樹幹，是爲了期待春天的蔥蘢；蠟燭放棄完美的軀體，才能擁有一世光明；心情放棄凡俗的喧囂，才能擁有一片寧靜。

要想得到野花的清香，必須放棄城市的舒適；要想得到永久的掌聲，必須放棄眼前的虛榮。放棄了薔薇，還有玫瑰；放棄了小溪，還有大海；放棄了一棵樹，還有整個森林；放棄了馳騁原野的不羈，還有策馬徐行的自得。

人生就是這樣，而放棄正是一門選擇的藝術，是人生的必修課。沒有果敢的放棄，就沒有輝煌的選擇。與其苦苦掙紮，拼得頭破血流，不如瀟灑地揮手，勇敢地選擇放棄。歌德說：「生命的全部奧祕就在於爲了生存而放棄生存。」

放棄是一種智慧。「明者遠見於未萌，智者避危于未形。」只有學會放棄，才能使自己更寬容、更睿智。放棄不是噩夢方醒，不是六月飛雪，也不是優柔寡斷，更不是偃旗息鼓，而是一種拾級而上的從容、閒庭信步的淡然。

放棄是一種靈性的覺醒，是一種慧根的顯現，一如放鳥返林、放魚入水。人生是艱難的航行，絕不會一帆風順。當必須放棄時，就果斷的放棄吧。放得下，才能走得遠！有所放棄，才能有所追求。什麼也不願放棄的人，反而會失去最

珍貴的東西。放棄時髦，是爲了追求更前衛的特立獨行；放棄熱鬧，是爲了追求更豐富的心靈盛宴。

智者曰：兩弊相衡取其輕，兩利相權取其重。放棄難言的負荷，方能解開心靈的枷鎖；放棄滿腹的牢騷，方能蘊蓄不倦的威力；放棄纖巧的詭辯，方能擁有深邃的思想；放棄虛僞的矯飾，方能贏得眞摯的友情。

風流總被雨打風吹去，何必讓身外之物、無聊之事困擾終生？電影《臥虎藏龍》有一句很經典的話：當你緊握雙手，裡面什麼都沒有，當你打開雙手，世界就在你手中。懂得放棄，才能在有限的生命裡活的充實、飽滿、旺盛。

放棄失落帶來的痛楚，放棄屈辱留下的仇怨，放棄無休無止的爭吵，放棄沒完沒了的辯解；放棄對情感的奢望，放棄對金錢的渴求，放棄對權勢的窺視，放棄對虛榮的糾纏。只有當機立斷地放棄那些次要的、枝節的、不切實際的東西，你的世界才能風和日麗、晴空萬裡，你才會豁然開朗地領悟「小舍小得，大舍大得，不捨不得」的眞諦。

當一切塵埃落定，當一切歸於平靜，我們才會眞正懂得放棄其實也是一種美麗的收穫。

世界在你心中

一個年輕人把家搬到了一個新的城市。他問一位當地人：「這座城市怎麼樣？人們友好嗎？」當地人沒有回答他的話，而是反問他：「那你告訴我，你原來住的城市怎麼樣？人們友不友好？」年輕人歎口氣說：「唉，別提了。那裡簡直是一個地獄，街道骯髒混亂，人們互相仇視。這輩子我都不想再踏進那個城市一步。」當地人看看他，回答說：「我要很遺憾地告訴你，這裡也一樣。這兒並不是你理想中的天堂。」

找回生命的力量工作坊

另一位搬來的年輕人也向這個當地人打聽城市的情況。當地人問了他同樣的問題。這位年輕人回答：「我原先住的城市非常好，環境很不錯，而且人們非常熱情好客，也特別樂於助人。我眞是很喜歡那裡，可是我要來這裡讀書，所以搬來了。」當地人立刻微笑著回答：「年輕人，你眞是來對地方了，這裡一樣是一個很可愛的地方，你不久就會發現這一點。」

有人聽到了這個當地人的話，不解地問：「爲什麼兩個人向你打聽同樣的問題，你的回答卻截然不同呢？」當地人說：「一個人看到的世界就是他心靈的反映，心理陰暗的人是看不到光明的。而且走到哪裡都一樣，人只能看到自己心裡的世界。」

世界的樣子，正是人心靈的反應。當你心裡充滿光明的時候，世界便對你敞開了大門；而如果你自己堵上了心靈的視窗，你的世界就自然被黑暗所吞沒。你之所以局限在自己的小世界，也正是因爲你不肯打開自己的心胸。敞開心靈，你便看到了美好的世界。

人生智典

人生的10個不要等

1. 不要等到想要得到愛時才學會付出

人生就像一場戲，在等待中錯過了美麗。正如歌中所唱：該出手時就出手。因爲幸福就在你身邊。當你付出時，愛已從你身邊輕輕劃過，留下的是悔恨、遺憾。

2. 不要等到孤單時才想念起你的朋友

什麼是朋友？眞正的朋友永遠不會離棄你。人生得一知己足矣，孤獨時、彷徨時，朋友是你最忠實的聽衆，他們沒有怨言，他們有的只是一顆包容的心。

3. 不要等到有了職位時才去努力工作

有的人一生都在等自己如意的工作，等到白髮之時方誨自己執著地等待。因爲世界眞的很精彩，只要你肯努力，處處都有你滿意的工作。

4. 不要等到失敗時才記起他人的忠告

忠言逆耳利於行，良藥苦口利於病。世人往往善於聽信讒言，因爲讒言總是美麗的，而忘了這句古話。待到自己失敗時，一切如過眼雲煙，煙消雲散。

家庭系統排列工作坊

5. 不要等到生病時才意識到生命脆弱

生命眞的很脆弱，一隻螞蟻可能死在你的腳下，只不過你沒有覺察。可能你在生命的邊緣徘徊，爲什麼不珍惜自己的生命？

6. 不要等到分離時後悔沒有珍惜感情

爲什麼總是離別之後才懂得珍惜，因爲人無完人，金無足赤。擁有一顆寬容的心，善待別人就等於善待自己。

7. 不要等到有人讚賞你時才相信自己

每個人都有自己的優點和長處，自信有時也是成功的鑰匙。要等到別人的讚賞，恐怕已經太遲了，因爲生命屬於你只有一次，沒有迴圈，沒有往復。

8. 不要等到別人指出才知道自己錯了

其實，勇於承認錯誤並沒有人嘲笑你，反而得到別人的尊重。因爲每個人都有錯誤，只不過有的人善於掩飾自己的錯誤，有的人勇於承認罷了。

9. 不要等到腰纏萬貫才準備幫助窮人

助人爲樂永遠是一種美德，待到腰纏萬貫之時，你不一定會快樂，因爲你的施捨別人不一定接受。

10. 不要等到臨死時才發現要熱愛生活

生活眞的很精彩，爲什麼要遊戲人生。人生就像一條長河，永遠沒有盡頭，沒有止境。並不因爲你的生老病死而改變。熱愛生活就等於熱愛自己。因爲生命總要劃上一個圓滿的句號。

10句讓你心有所感的話

第1句

沒有一百分的另一半，只有五十分的兩個人。

第2句

付出真心，才會得到真心，卻也可能傷得徹底。
保持距離，就能保護自己，卻也註定永遠寂寞。

第3句

通常願意留下來跟你爭吵的人才是真正愛你的人。

第4句

有時候，不是對方不在乎你，而是你把對方看得太重。

第5句

冷漠有時候並不是無情，只是一種避免被傷害的工具。

第6句

如果我們之間有1000步的距離，你只要跨出第1步，
我就會朝你的方向走其餘的999步。

第7句

爲你的難過而快樂的是敵人，
爲你的快樂而快樂的是朋友，
爲你的難過而難過的就是那些該放進心裡的人。

第8句

就算是believe中間也藏了一個lie。

第9句

眞正的好朋友並不是在一起就有聊不完的話題，
而是在一起就算不說話，也不會感到尷尬。

第10句

朋友就是把你看透了還能喜歡你的人。

50種珍惜生命的態度

1. 爲愛而生：只有愛，能使世界轉得更圓；只有愛，能創造奇跡。能夠看見別人的好，就會提升自己的好；能夠說出別人的好，就會強化對方與自己要更好。愛是一切的原動力。
2. 做自己的心靈捕手：把實現自己生命價值第一優先考慮，善待內在的小孩，給他勇氣、信心和生命，想念自己，做你自己，寬恕自己，對自己負責，善用感覺，熱情行動，活出眞正的自己。
3. 簡單生活：你眞正需要的不是那麼多，多出來的任何一樣東西對別人都有用，將它送出去，或是捐出去義賣，讓眞正需要的人善用，簡單生活慣之後，生命自然不再累贅。
4. 擁抱別人，讓人擁抱：擁抱是一件完美的禮物，老少咸宜，而且拿它給別人交換，沒有人會放棄的。練習用擁抱代替說話，表達內心最深刻的感受，即時的擁抱能傳送安慰與支援，傳遞生命活力。擁抱療效：續命，每天四抱；保養，每天八抱；除病，每天十二抱。
5. 家庭優先：和樂家庭最高指導原則：日常體貼，遇事幽默。家庭關係是你這輩子最有意義的投資。試著每天用十五分鐘，和配偶、孩子，甚至寵物，共同分享回憶、經驗、想法、夢想和創意。

6. 別爲小事抓狂：你爲什麼生氣？塞車、買票插隊、同事爭執、服務生態度惡劣……生氣之前，思考哪些才是眞正值得生氣的情況，例如：虐待兒童、人民遭受饑餓之苦、戰爭……相較之下，就可以知道這些事是多不值得生氣。將怒氣轉向值得生氣的事上，並且想想自己可以爲這些情況做什麼。
7. 找尋老友：愛情常來來去去，朋友總是越陳越香。曾經同甘共苦的朋友是上帝給的禮贊，花點時間列出老朋友列表，撥個電話聊聊或訪友，尋回那曾有的感動與契合。
8. 創意生活家：別讓一成不變的生活，腐蝕生命的熱力，試著吃半飽、花一半，使用比平時少一半的資源。試試看即使有樣東西不夠用了，是否能夠找到替代品，既可以發揮創意，也能爲環保盡一份心力。
9. 練習冒險：無數的第一次造就了你，生命就像一輛十段變速的單車，大部分的人只用到低速檔。你應該嘗試新事物，先從小冒險做起，充分發揮自己的潛能，同時不忘讚美自己的勇氣。
10. 說謝謝你：一日平安，一日感謝。培養強烈的感恩心，每天至少謝謝一個人，告訴他們你喜歡、仰慕或欣賞他的地方。
11. 別對你的人生說沒空：日常生活需要良性迴圈，人生只有一次，休息是爲了走更遠的路。每個月定出一天可以徹底休息，放自己一天假。
12. 活到老學到老：學習不一定只在學生時代，學習是更好生活的開始。無論是選一門不算學分的課，還是向同事學習某些嗜好或興趣，甚至邊開車邊學習隨身攜帶書籍，試著從不同方向找出興趣，生命會更開闊。

13. 奉獻給予：奉獻能讓你花小錢擁有極大快樂，助人度難關的方式很多，給予食物、衣物、工作、金錢、時間，你可以由簡單的方式開始，比如捐出收入的5%，仔細考慮哪些是真正需要你幫助的人，把有限的錢放在最需要幫助的人身上，最能產生無限的功效。
14. 與敵人和好：抱持寬容態度，以傾聽來代替爭吵，讓自己變得更溫柔與仁慈。不要把問題過度放大，試著問自己：一年後，我還會在意這件事嗎？
15. 活出健康的人生：分析自己的飲食習慣，找出需要改進的地方，讓營養更均衡。每週至少三次運動，持之以恆，參加一次恢復精力的課程（如瑜珈或太極），身心健康，精力充沛。
16. 讓快樂貼身相隨：快樂的人會微笑或哼唱，甚至吹口哨。有快樂的想法，你就會飛起來。專注地想快樂的事，讓自己產生向上飛躍的力量。日積月累，快樂會變成一種習慣。
17. 年輕不老心：忘記身分證上的年齡，找出自己覺得重要的，以及會讓自己心跳加速的事物，讓這些點點滴滴充滿生活，就能讓自己的心態變年輕。
18. 磨亮想像力：要更有創意，就要像孩子般地思考，比如重看一本最喜歡的童書，學習小孩子的思考式；或

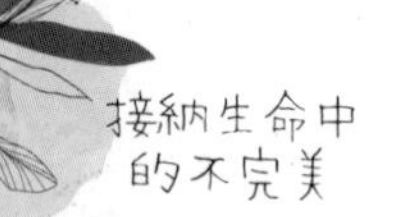

者讀一首詩，在心裡想像它的意境；一邊聽廣播的古典音樂、爵士樂或世界音樂，一邊想像音樂所傳達的景致……都可以提升想像力。

19. 笑紋比皺紋重要：兒童平均一天笑500次，成人只笑15次，任何小事都可以讓小孩樂不可支，鼓勵自己在笑聲中享受人生。
20. 救救地球：減少物品使用量、減少用水、減少用紙、減少開車、減少包裝、少用清潔劑、避免用過即丟、減少用量、重複使用、環保回收，自然就在你心中。
21. 救一個生命：找尋失蹤兒、受虐兒，施捨金錢或付出時間、體力，可以改變別人的生命，個人視野也會因瞭解另一層面的生活而提升，更可以爲這些孩子帶來希望與遠景。
22. 試試雙手的力量：人生的意義在於創造，藝術可以提升人的生命境界，每做一件事，記得多加些巧思，在每件所做的事情上，發揮報告才能，加入你自己親自動手做，享受四肢勞動的樂趣，即使是簡單的維修工作都是原創的藝術品。
23. 記得多玩玩：利用餘遐時間享受遊玩的樂趣，重新學習遊樂技巧，徹底享受自由的快樂。
24. 三人行必有我師：和各方面的人保持聯繫，增加從他人身上獲得情報的機會。同時擁有會批評的朋友，因爲對方擁有你缺乏的部分，學習接受建設性的批評，忽略瑣碎的批評。
25. 適當的自私：你有權主導自己的生活，你有全權對別人的要求說不，你有權對批評你或貶低你的人表示意見，你有權和別人分享你的感情，收加生活控制權。

26. 分享：不論是分享閱讀心得或是生活偶得，讓東家長西家短的無聊變成豐富彼此生命的啟發。經由感受每個人不同的經驗，賦予生命全新的刺激與成長，世界將轉得更好。
27. 重回孩提時代：拋開一些已養成的大人行爲或習慣，不要剝奪與天俱來的純眞特質，與小孩相處（擔任孩子的課外營老師、自願當兒童球隊教練）；重讀一些小時候聽過的故事，可以回憶小時候的情景，看看舊時留下的物品，如成績單、勞作或禮物；到念過的小學走一遍，發現自己曾發生過的事或當時的夢想。
28. 向自然學習：自然中蘊含生活哲學，是生命的指示燈，能幫助你發現自己的定位與熱情所在。從四季的替換，我們學會從悲傷中複元，因爲生命是周而復始，生生不息的。而自然的多樣化風貌，教我們學會拒絕大衆壓力，教我們學會表達眞實的自我。
29. 心靈慢跑：心靈激勵可以預防精神疾病，讓心靈保持思考，也會減慢老化的速度。編一本夢想書，做做白日夢都是可行的。
30. 活出熱情：支離破碎的靈魂得到的往往是乏味的成功，對生活的興趣應高於購物，用最小的時間工作，將大部分的時間給自己感興趣的事情做自己愛做的事，做你想做的，說你想說的，學習享受生活，享受你做的任何事情。

31. 可以不完美：每個人天生不同，接受自己，也同樣接受別人，用慈悲心訓練自己愛缺憾中美麗的事物。
32. 勇闖生命難關：有人爲工作而生活，有人因夢想而生活，有人因爲要找出究竟爲什麼要活著而繼續生活，生是上天賦予的權利，活則要靠自我的智慧與勇氣。
33. 打開地圖去旅行：到任何你有興趣或好奇的城市旅行。旅行，潛藏著一份改變自己和生活的渴求，在旅行中可以得到不可思議的收穫，變得不容易害怕，遇到問題時較能從容應付，知道自己離家在外時最想念、牽掛的是什麼，最可有可無的是什麼。
34. 簡單乾淨就是品味：不論是掃地抹桌子，晾衣服曬被單，都能特別仔細，特別用心，讓延長使用年限的心，取代用過即丟的習慣；用全新的戀舊心情，與日常生活建立恒久感情。用材質好、式樣大方的傢俱取代三五年就必須汰換的三夾板；用設計簡單、質地宜人，可以一穿再穿取代追求流行的穿衣風格。
35. 在家做義工：慈善事業可以先從家裡做起，可以先把服務心用在家裡，把家裡整理好，花些時間和家人相處，爲別人做些事可以讓生活更添樂趣與價值，也會讓你的人生更有成就。
36. 再試一下：人生最大的壓力來源是怕壓力，當你相信自己能、而能面對事情時，這已是一個好的開端，一切的多慮都將消失，你終會發現：事情並不棘手難辦，別人能、當然，你也能。
37. 命運操之在我：一塊錢、一句好話、一件善事、一點知識、一些方便、一個笑容，都可以改變自己的命運。

38. 生命的財富：時間就是財富，但是時間的意義在於運用，而非節省。好好運用上天給予每個人的同等財富。
39. 爲生命加油：你此生最大恐懼是什麼？最擔心最害怕的是什麼？是害怕應該表達的心意來不及表達？這是害怕心願不能實現？把今天當作最後一天來活，知道此生擔憂會常在，恐懼就已不恐懼。
40. 多爲別人想一想：愛有多深，包容與體諒就有多深，敢愛的人才敢去包容和體諒他所愛的人。做個善於體諒的人，多給對方時間與空間，做個有智慧與愛心的人。
41. 隨時等著被利用：讓服務變成生命中的一部分，用生命服務、肯定自己。
42. 化不幸爲助力：自己是態度的主宰，而態度決定未來，從跌倒中站起來，化悲痛爲力量，每種不幸都蘊含同等或更大利益的種子。
43. 優點轟炸：每個人都有優點，但習慣看別人缺點，試著做好話連篇、用心說好話的人，勇於表白，要去掉別人身上的刺，最好的方法是拍拍他的背。
44. 和自己賽跑：學習和自己比，忘記曾經擁有的分數，現在要關注的是，如何讓今天過得比昨天好，用心去發現，能看到生命更寬廣的藍天。
45. 換個角度，心中一片天：別人也許是對的，不要讓自

己受執著的困惑，便能瞭解萬物，欣賞及認同世間一切。

46. 樂觀：處於痛苦時，最有效的事物就是樂觀。凡事往好處想，樂觀的人可以發明飛機，悲觀的人就只能發明降落傘。
47. 眞心聆聽：通往內心深處的是耳朵，專心聆聽並適當回應，對別人是一種很大的鼓舞。
48. 好奇心不打烊：世界上只有愚人，沒有愚問。對所有的事物保持一顆敏感的心，好奇是所有人類文明進步的開始。
49. 情緒急轉彎：事情沒有變，變的是你的觀念。改變想法，就能改變情緒，帶來完全不同的結果。
50. 我眞的很不錯：每個人都是一座寶藏，凡人也有超人力量，成功在於喚醒心中的巨人，開發自己的寶藏。

25種做人快樂的方法

1. 保持健康，有健康的身體才有快樂的心情。
2. 充分的休息，別透支人你的體力。
3. 適度的運動，會使你身輕如燕，心情愉快。
4. 愛你周圍的人並使他們快樂。
5. 用出自內心的微笑和人們打招呼，你將得到相同的回報。
6. 遺忘令你不快樂的事，原諒令你不快樂的人。
7. 眞正地去關懷你的親人、朋友、工作和四周細微的事物。
8. 別對現實生活過於苛求，常存感激的心情。
9. 享受人生，別把時間浪費在不必要的憂慮上。
10. 身在福中能知福，亦能忍受壞的機遇，且不忘記寬恕。
11. 獻身於你的工作，但別變成它的奴隸。
12. 隨時替自己創造一些容易實現的盼望。
13. 每隔一陣子去過一天和你平常不同方式的生活。
14. 每天抽出點時間，讓自己澄心靜慮，使心靈寧靜。
15. 回憶那些使你快樂的事。
16. 凡事多往好處想。
17. 爲你的工作做妥善的計畫，使你有剩餘的時間和精力任由支配。

家庭成功與幸福人生工作坊

18. 追求一些新的興趣，但不是強迫自己去培養一種習慣。
19. 抓住瞬間的靈感，好好利用，別輕易拋棄。
20. 替生活中製造些有趣的小插曲，製造新鮮感，使自己耳目一新。
21. 搜集笑話，並于你周圍的人共用。
22. 安排一個休假，和能使你快樂的人共同度過。
23. 去看部喜劇片，大笑一場。
24. 送自己一份禮物。
25. 給心愛的人一個驚喜。

讓心靈靜養的20個習慣

1. 當一個人生活枯燥的時候，別忘了用心體會是一種習慣。
2. 當一個人覺得人生乏味的時候，別忘了培養幽默是一種習慣。
3. 當一個人體力日差的時候，別忘了運動健身是一種習慣。
4. 當一個人工作疲憊的時候，別忘了認眞休息是一種習慣。
5. 當一個人孤傲狂放的時候，別忘了感恩惜福是一種習慣。
6. 當一個人志得意滿的時候，別忘了爲人謙和是一種習慣。
7. 當一個人錢不夠用的時候，別忘了投資理財是一種習慣。
8. 當一個人覺得工作低迷的時候，別忘了激勵自己是一種習慣。
9. 當一個人懷疑自己的時候，別忘了建立自信是一種習慣。
10. 當一個人忽略家人的時候，別忘了愛與關懷是一種習慣。
11. 當一個人渾噩度日的時候，別忘了閱讀好書是一種習慣。

12. 當一個人忙於工作的時候，別忘了安排休閒是一種習慣。
13. 當一個人目中無人的時候，別忘了不斷學習是一種習慣。
14. 當一個人慌張失措的時候，別忘了提前準備是一種習慣。
15. 當一個人推諉責任的時候，別忘了勇於承擔是一種習慣。
16. 當一個人腸枯思竭的時候，別忘了轉變思路是一種習慣。
17. 當一個人沮喪失意的時候，別忘了檢討改進是一種習慣。
18. 當一個人畏懼調職的時候，別忘了提升自己是一種習慣。
19. 當一個人溝通障礙的時候，別忘了真誠傾聽是一種習慣。
20. 當一個人業績消退的時候，別忘了積極行動是一種習慣。

成長的14條感悟

1. 所有的人活著無時無刻不在證明著自己的存在。每個人都有證明自己存在的方式，我們又有什麼理由去鄙視其他人證明自己的方式呢？
2. 有一些觀點雖然是別人親口說出的，但那不一定是他自己心裡眞正的觀點，也許他有自己的苦衷（別人親口說的不一定是他所想的）。
3. 沒有人比自己更瞭解自己，但卻沒有人能客觀的評價自己。（人生最困難的是就是認識自己）
4. 人總是把自己的過錯推給腐化的社會，他們又何曾想過這腐敗的社會正是由他們的過錯堆積而成的。
5. 當兩個人交流時，大多不想讓第三者介入，這時切記不要去打擾他們的談話。（注：三人組除外）
6. 要得到別人尊重，先要去尊重別人。
7. 你若心中存定，嘴上咬定，這便是美。切莫心口不一，卽使你出發點再好，也不可拿來做理由。
8. 你再不傷害這些人的同時，可能已經傷害了另一些人，千萬不要左右不定，否則將會使雙方都受到傷害。
9. 在你享受著別人的關懷時，別人也希望獲得同樣的關懷，別忘了你身邊一直關懷你的人。10、信任是朋友之所以是朋友的根源。
10. 說出來沒有效果的話儘量少說，否則只會增加別人對

你的反感。

11. 別人向你尋求幫助時，更需要的是與你一起分擔痛苦，而非叫你教他怎麼做，分析利弊。
12. 現實雖然是殘酷的，但我們不一定要去逃避，面對雖然會更痛苦，卻會讓我們學到更多。（注：面對現實並不是融入現實，只是接受他，但不被他同化。）
13. 一個人的逃避，可能會讓剩下的人更加痛苦。在選擇逃避的時候請想一下你周圍的人，他們將爲你承受更多。

終身受用的五句話

第一句話：優秀是一種習慣

這句話是古希臘哲學家亞裡斯多德說的。如果說優秀是一種習慣，那麼懶惰也是一種習慣。

人出生的時候，除了脾氣會因爲天性而有所不同，其他的東西基本上都是後天形成的，是家庭影響和教育的結果。所以，我們的一言一行都是日積月累養成的習慣。

有的人形成了很好的習慣，有的人形成了很壞的習慣。所以我們從現在起就要把優秀變成一種習慣，使我們的優秀行爲習以爲常，變成我們的第二天性。

讓我們習慣性地去創造性思考，習慣性地去認眞做事情，習慣性地對別人友好，習慣性地欣賞大自然。

第二句話：生命是一種過程

事情的結果儘管重要，但是做事情的過程更加重要，因爲結果好了我們會更加快樂，但過程使我們的生命充實。人的生命最後的結果一定是死亡，我們不能因此說我們的生命沒有意義。世界上很少有永恆。

戀愛中的人們每天都在信誓旦旦地說我會愛你一輩子，這實際上是不眞實的。最眞實的說法是：「我今天，此時此刻正在眞心地愛著你。」

明天也許你會失戀，失戀後我們會體驗到失戀的痛苦。這種體驗也是豐富你生命的一個過程。

第三句話：兩點之間最短的距離並不一定是直線

在人與人的關係以及做事情的過程中，我們很難直截了當就把事情做好。我們有時需要等待，有時需要合作，有時需要技巧。我們做事情會碰到很多困難和障礙，有時候我們並不一定要硬挺、硬沖，我們可以選擇有困難繞過去，有障礙繞過去，也許這樣做事情更加順利。大家想一想，我們和別人說話還得想想哪句話更好聽呢？尤其現在這個比較複雜的社會中，大家要學會想辦法諒解別人，要讓人覺得你這個人很成熟，很不錯，你才能把事情做成。

第四句話：只有知道如何停止的人才知道如何加速

我有位朋友在學滑雪的時候，最大的體會就是停不下來。他剛開始學滑雪時沒有請教練，看著別人滑雪，覺得很容易，不就是從山頂滑到山下嗎？於是他穿上滑雪板，嗤溜一下就滑下去了，結果他從山頂滑到山下，實際上是滾到山下，摔了很多個跟鬥。他根本就不知道怎麼停止、怎麼保持平衡。

經過反復練習，終於學會了在任何坡上停止、滑行、再停止。這個時候他就發現自己會滑雪了，就敢從山頂高速地往山坡下沖。因爲他知道只要想停，一轉身就能停下來。只要你能停下來，你就不會撞上樹、撞上石頭、撞上人，你就不會被撞死。因此，只有知道如何停止的人，才知道如何高速前進。

第五句話：放棄是一種智慧，缺陷是一種恩惠

當你擁有六個蘋果的時候，千萬不要把它們都吃掉，因爲你把六個蘋果全都吃掉，你也只吃到了六個蘋果，只吃到了一種味道，那就是蘋果的味道。

如果你把六個蘋果中的五個拿出來給別人吃，儘管表面上你丟了五個蘋果，但實際上你卻得到了其他五個人的友情和好感。以後你還能得到更多，當別人有了別的水果的時候，也一定會和你分享，你會從這個人手裡得到一個橘子，那個人手裡得到一個梨，最後你可能就得到了六種不同的水果，六種不同的味道，六種不同的顏色，六個人的友誼。

人一定要學會用你擁有的東西去換取對你來說更加重要的事物。

心靈之美的54條要義

1. 人們學習方式的四種類型：視覺型、聽覺型、體覺型、感覺型。
2. 人生的三種狀態：先知先覺、後知後覺、不知不覺。
3. 知識是人們經驗後的二手記錄，智慧卻是來自你個人體驗的一手發現。
4. 意識的層次：表層意識、潛藏意識、深層意識、無意識、超意識。奇跡心靈吸引法則都來自於超意識。
5. 人類是活動性的哺乳類，當我們的身體沒有運動時，我們即會因失去天性本能的活動力，而開始變得缺乏信心與激情，身體的活動對於人們，是非常重要的一種生命表達。
6. 呼吸是轉換意識重要的法門，一般人的呼吸隨著年齡的增長，以及意識的容積，我們從原本天性有深度的腹式呼吸，最後越來越淺和急促，生命也從此變得越來越焦躁和不安。
7. 氣質好的人，身心合一、言行合一，有氣度就是有貴氣，貴氣是威氣的核心，貴氣來自於對自己的尊重與愛，來自於潔氣，潔氣即天真無罪的靈魂。
8. 聖者，只是覺醒清醒的人，太多的人生活在「生命的夢境」當中。
9. 我們創造了我們所相信的世界，我們只選擇聽見及看見我們所相信的世界，最終看不見生命的眞相。

10. 21世紀是心靈覺醒的世紀，要獲得生命眞正的解放、自由，唯有從內在精神層面覺醒過來，眞正地認識自己是誰，眞正需要什麼？我們從哪裡來，要到哪裡去？誰是生命眞正的源頭？
11. 我是生命眞正的源頭。好的吸引好的，壞的吸引壞的，同頻率相吸引。多少人開著飛機在陸地行走。選擇權在自己，受苦的孩子只在夢境中，所以請清醒過來！
12. 空，然後創造有。生命的空間感，來自放下。獄卒連囚犯的自由都沒有，因此妄想控制他人的人更苦。
13. 我不會失去我不該失去的；我不會獲得我不該獲得的；一切的得失都有道理。
14. 我們以過去爲根，反應與創造未來，但生命就從此停止了「新」的探索與發現，我們成了已知的電腦人，我們依據已設定的程式來生活，從此生命成了不斷重播的記錄片。
15. 有吸引力的人都是有覺知的人，他活在當下。先覺知幸福，才能吸引幸福。第一層覺知是感官的覺知，即世界萬物都是愛自己的。眼神會讓我執鬆懈，心門打開。
16. 黑暗只是光的缺席，邪惡只是聖靈的遲到，恐懼只是覺醒的缺席，壓力只是平衡的遲到。
17. 經驗創造了信念，而一旦人們有了已認同的信念，我們生命就開始成爲一連串爲了證明這個信念的活動。
18. 愛來自信任，懷疑來自恐懼。「我執」使我們的生命

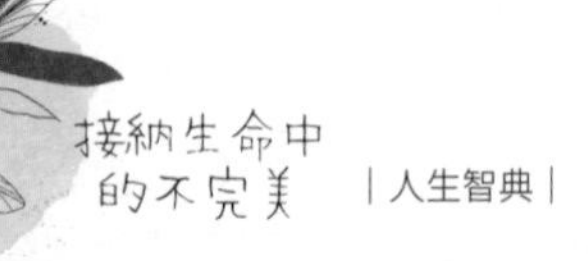

囚禁在好壞、對錯、美醜、高低、聖魔的二元對立的戰場中，停止移動與冒險。使生命成爲一灘死水安全至死。

19. 善待孕期，學會耐心等候。
20. 人們往往對不確定，感覺恐懼不安，我們想盡辦法，努力地想讓生命中的一切確定下來，就好像我們希望自己來決定何時天晴何時颳風何時下雨，我們期待一切都在控制中。
21. 流暢才會新鮮年輕靈敏。一個人的內在改變，才會吸引不同的人。
22. 消極悲觀的人像一個吸血鬼，身上充滿著負能量，總是要吸盡身邊人的能量，讓周圍所有的人能量下降；充滿愛心放下「我執」的人像個天使，散播光和愛，讓自己和他人都同時得到能量的提升。
23. 大師點化卽是去灰。有人問大師是如何點化弟子的，他回答當雕刻大師雕塑龍時，是從一塊石頭上敲掉那不像龍的部分。當下卽是拿掉那不屬於現在的一切幻象。
24. 一個活在過去與未來的生命，會變得很憂慮、不安與缺乏信心，過去已死而未來尚未發生，我們眞正能存在的只有這個當下，此時此刻。有人的「心」上同時背負著過去當下和未來（三點），所以很沉重很累，魂不守舍間往往又失去了當下，結果一段又一段地錯失，當下的生命被不知不覺間竊取。「活在當下」是啟動宇宙奧祕殿堂的鑰匙。

25. 注意力在哪兒，能量就在哪兒。人們總是讚美有形體，卻從不讚美是光的存在才讓我們有所發現。
26. 創造力的基礎是合一，即與萬物、與人際與源頭合一，創造力的源頭在於父母。
27. 創造力的四個層次：（1）勞力，要辛勤播種，不種你要的，不要的就會長；勞力時要做到努力加上創意，而創意來自第二層次；（2）情緒動力，把「我應該」變成「我喜歡」，找到生命中真正想要的，做最喜歡的，熱情和興奮感常常來自於冒險；（3）心智的力量，相信就有奇跡，要真的相信，不能有矛盾、分散和排斥的心理，信任需要耐心，要堅信「我值得」，樹立牢固的價值感；（4）心靈的力量，是一種精神力，超意識的力量，在相信時才開啟。有很多人把心靈的力量用在了不好的或詛咒上。啟動心靈力量的三個法則：靜心、祝福、祈禱。
28. 很多世界巨富的共同特質：（1）有良好和諧的人際關係（常常受到祝福）；（2）給自己時間做自己最愛做的事情；（3）都相信奇跡的力量，問自己真的真的真的真的需要什麼並堅信會實現。
29. 家庭是愛的第一所學校，孩子在孕期和出生時受到的待遇非常重要。要讓孩子感覺自己是被歡迎的，被「要」的，自己是有價值的，是帶給世界無限驚喜的！
30. 心境的四個層次：柔軟心（會感恩和感動），清靜心，平等心，慈悲心（不是傲慢同情救贖與優越感，

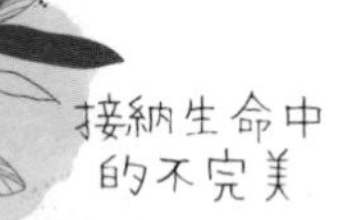

而是全然接受）。

31. 慈悲是給人力量，而不是吸力讓對方更加無力，慈悲是喚醒而不是同情。是讓別人明白他正在接受選擇課題。
32. 我們總是同情那些外表殘障的人，可是有多少心理殘疾的人遠遠沒有他們勇敢和完整呢。因爲不自知。
33. 祝福者就是被祝福者。眞理只有兩個重點：整個世界都是你心中的反映；你要有什麼，就先給出什麼。
34. 你聽不到任何你不懂的東西和你不知道的東西。你感到的收穫都是源於你已擁有。
35. 對權貴有禮，平凡之輩；對平輩有禮，有修爲之人；對小人物有禮，高貴的靈魂。
36. 學會感恩，感受幸福，找回柔軟心，放下防衛與我執，打開自我，迎接光和愛，迎回自己的世界和所想要的一切。
37. 當我們被頭腦中的理性支配，意識就變得支離破碎，我們對生命只有不斷的欲求，就像一個吵鬧要更多玩具的孩子，他已遺忘眞正要的是媽媽的愛。
38. 當我們對生命的覺知變得遲鈍時，我們的覺受力變得沒有知覺，我們變得更緊張，更用力，更掠奪，就像一個夢到自己窒息的人，他會慌亂地抓取掙紮，但唯有清醒過來方明白原來那只是一場夢。
39. 你要拯救，所以創造出更多需拯救者。母親愛清潔，於是兒子從不整潔，老闆有責任心，員工用不負責回應你。

廣東獅子會381區　家庭教育課堂——陪孩子一起成長

40. 擔心是吸收對方的能量，讓他能量下降，更加動彈不得。
41. 時間到花才會開。要善用天時地利與人和。要讓濁水變清，你什麼都不能做，除了等。
42. 對不歡迎不需要你幫助的人，放開他，背負著他，你自己都沒有能量跑得動。要時刻檢省你幫助他人的意圖是什麼？是同情還是救贖自己？爲他好還是爲自己好？
43. 當獵人正爲射殺的獵物豐收而沾沾自喜時，大地之母的淚卻像傾瀉的雨灑落。當人類眞正覺醒時，我們將爲我們無知所犯的錯感到震驚，像似夢遊者突然被喚醒一般。
44. 我是一切的源頭，因我創造一切，一切因我而創造。

45. 眞正的大師，讓人們回到無罪。沒有人眞正做錯了什麼。
46. 每個人都以為自己無錯，自己更高明。
47. 沒有看到月亮，只看到指月之手。看到別人不完美，只是因為自己不完美。
48. 感覺到才能移動（改變），知道並不能移動。
49. 每天祝福，祝福關愛的人，掛念的人，恩人，傷害過你的人，逝去但放不下的人，競爭的人，連續30天，命運會改變。
50. 聰明的人找對錯，智慧的人找意義。
51. 祝福優秀的人，把優秀吸引過來，祝福無處不在。
52. 喜悅才是財富的來源。
53. 失去時仍然有愛，才是眞愛。
54. 大嘴巴去不了天堂，大嘴巴即光說不練的人和喜歡道人長短的人。

聰明從八種智慧開始

人類至少有八種智慧；它們並非單獨存在，而是在很多時候，都是以群體方式運作。例如：成爲一個成功的小提琴家，並不單依賴「音樂智慧」就足夠了，同時還需要靠「身體運動智慧」來發揮精密的技巧，並還需擅用「人際智能」與觀衆溝通。擁有這些智慧會有什麼特徵表現？卡德那研究中認爲：

一、語文智能

指對語言、文字的掌握能力。像演講、寫作或其他任何形式的與人溝通的能力。這樣子的人擅長用語言來說服他人或用語文來記憶資訊，也喜歡透過語言來教導學習。

二、邏輯數學能力

指數學、邏輯與科學方面的能力。人類從嬰孩開始，便隨著認知能力的發展，由具體而抽象，建立起基本概念。並開始運用數位或是抽象符號來做運算、量化、推理、發問及解決問題。

三、音樂智慧

指瞭解、創造與運用音樂的能力。幼兒期是培養孩子對音樂感受力最佳時刻，他們容易從聲音中獲得安定，並從中瞭解和掌握人、事、物的內涵及運作方式，是瞭解自己與這

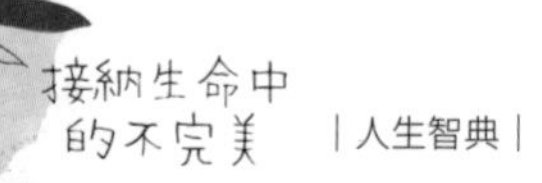

個世界的途徑。

四、身體運動智能

指使用全身或身體的一部分，解決問題和製造作品的能力。以不同的觸覺經驗、演練操作，作爲內在能力的積蓄，而後再傳達出來的重要方式。

五、空間智能

指標對所觀察的事物，在腦海形成一個模型或影像，並加以運用。例如：航海時，腦海會浮現地圖，以掌握自己的方向。另外下棋，也是空間智慧發揮的最好例子。

六、人際智能

指瞭解他人、與人合作的最好能力。他們喜歡人群，透過與人互動交流，認識外在世界。領袖型的人物是具有高度的人際智慧。

七、個人內在智能

指一個人自知及自處的能力，尤其是情感與情緒的辨識和調整。比較能掌握自己，並且對自己有較積極的看法。

八、觀察自然智慧

指能觀察與辨別有關動物、植物、礦物等自然生態現象，對人類活動，包括文化行爲環境有整體分析能力。不但會判斷某件物質的價值，也探索人和自然界的和諧關係。

人生的34個好習慣

1. 不說「不可能」三個字。
2. 凡事第一反應：找方法，而不是找藉口。
3. 遇到挫折對自己大聲說：太棒了！
4. 不說消極的話，不落入消極情緒，一旦出現立卽正面處理。
5. 凡事先訂立目標，並且儘量製作「夢想版」。
6. 凡事預先作計畫，儘量將目標視覺化。
7. 工作時間每一分，每一秒都做有利於生產的事情。
8. 隨時用零碎的時間（如等人、排隊等）做零碎的事情。
9. 守時。
10. 寫下來，不要太依靠腦袋記憶。
11. 隨時記錄靈感。
12. 把重要的觀念，方法寫下來，並貼起來，以隨時提示自己。
13. 走路比平時快30%，走路時腳尖稍用力推進，肢體語言健康有力，不懶散，萎靡。
14. 每天出門照鏡子，給自己一個自信的微笑。
15. 每天自我反省一次。
16. 每天堅持一次運動。
17. 聽心跳一分鐘，指在做重要事情前，疲勞時，心情煩躁時，緊張時。

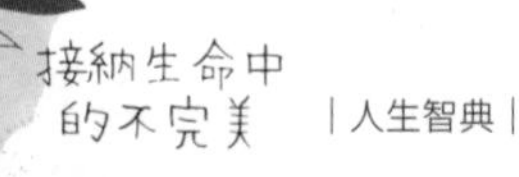

18. 開會坐在前排。
19. 微笑。
20. 用心傾聽，不打斷對方說話。
21. 說話時聲音有力。感覺自己聲音似乎能產生有感染力的磁場。
22. 說話之前，先考慮一下對方的感受。
23. 每天有意識，眞誠地讚美別人三次以上。
24. 及時寫感謝卡，哪怕是用便箋寫。
25. 不用訓斥、指責的口吻跟別人說話。
26. 控制住不要讓自己做出爲自己辯護的第一反應。
27. 每天做一件「分外事」。
28. 不管任何方面，每天必須至少做一次「進步一點點」。
29. 每天提前15分鐘上班，推遲30分鐘下班。
30. 每天在下班前用5分鐘的時間做一天的整理工作。
31. 定期存錢。
32. 節儉。
33. 時常運用「頭腦風暴」。
34. 恪守誠信，說到做到。

維持心理平衡10要訣

美國醫學專家研究發現，人類65—90%的疾病與心理的壓抑感有關。緊張憤怒和敵意等不良情緒使人易患高血壓、動脈硬化、冠心病、消化性潰瘍、月經不調等，而且破壞人體免疫功能，加速人體衰老過程。聯合國國際勞動組織發表的一份調查報告也認爲，「心理壓抑是20世紀最嚴重的健康問題之一」。

現代生活中如何保持心理平衡，這是人們共同關心的問題。美國心理衛生學會提出了心理平衡的10條要訣，值得我們借鑒。

1. 對自己不苛求。每個人都有自己的抱負，有些人把自己的抱負目標定得太高，根本實現不了，於是終日抑鬱不歡，這實際上是自尋煩惱；有些人對自己所做的事情要求十全十美，有時近乎苛刻，往往因爲小小的瑕疵而自責，結果受害者還是自己，爲了避免挫折感，應該把目標和要求定在自己能力範圍之內，懂得欣賞自己已取得的成就，心情就會自然舒暢。
2. 不要處處與人爭鬥。有些人心理不平衡，完全是因爲他們處處與人爭鬥，使得自己經常處於緊張狀態。其實，人際之間應和諧相處，只要你不敵視別人，別人也不會與你爲敵。
3. 對親人期望不要過高。妻子盼望丈夫飛黃騰達，父母希望兒女成龍成鳳，這似乎是人之常情。然而，當對

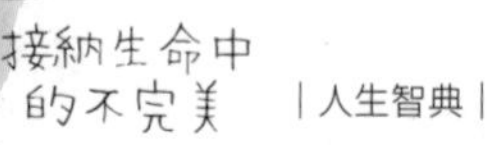

方不能滿足自己的期望時，便大失所望。其實，每個人都有自己的生活道路，何必要求別人迎合自己。

4. 暫離困境。在現實中，受到挫折時，應該暫將煩惱放下，去做你喜歡做的事，如運動、打球讀書、欣賞等，待心境平和後，再重新面對自己的難題，思考解決的辦法。
5. 適當讓步。處理工作和生活中的一些問題，只要大前提不受影響，在非原則問題方面無需過分堅持，以減少自己的煩惱。
6. 對人表示善意。生活中被人排斥常常是因爲別人有戒心。如果在適當的時候表示自己的善意，誠摯地談談友情，伸出友誼之手，自然就會朋友多，隔閡少，心境自然會變得平靜。
7. 找人傾訴煩惱。生活中的煩惱是常事，把所有的煩惱都悶在心裡，只會令人抑鬱苦悶，有害身心健康。如果把內心的煩惱向知己好友傾訴，心情會頓感舒暢。
8. 幫助別人做事。助人爲快樂之本，幫助別人不僅可使自己忘卻煩惱，而且可以表現自己存在的價值，更可以獲得珍貴的友誼和快樂。
9. 積極娛樂。生活中適當娛樂，不但能調節情緒，舒緩壓力，還能增長新的知識和樂趣。
10. 知足常樂。不論是榮與辱、升與降、得與失，往往不以個人意志爲轉移，榮辱不驚，淡泊名利，做到心理平衡是極大的快樂。

實用經典的英文讚美28句

若有遇到good timing，隨口說出，對方一定會對你有非常好的印象。多念幾遍，把它們都背下來吧！

1. You look great today.（你今天看上去很棒。）【每天都可以用！】
2. You did a good job.（你幹得非常好。）【國際最通用的表揚！】
3. We're so proud of you.（我們十分爲你驕傲。）【最高級的表揚！】
4. I'm very pleased with your work.（我對你的工作非常滿意。）【正式、眞誠的讚揚！】
5. This is really a nice place.（這眞是個好地方！）【隨口就說、但效果很好的表揚！】
6. You're looking sharp!（你看上去眞精神／眞棒／眞漂亮。）【與衆不同的表揚！】
7. You always know the right thing tosay.＝You're very eloquent.（你總是說話得體。）【高層次的表揚！】
8. Nice going!＝You did a good job.（幹得好！）【極其地道的表揚！】
9. The food is delicious.（好吃！）【最普通、但非常重要的表揚！】
10. Everything tastes great.（每樣東西都很美味！）

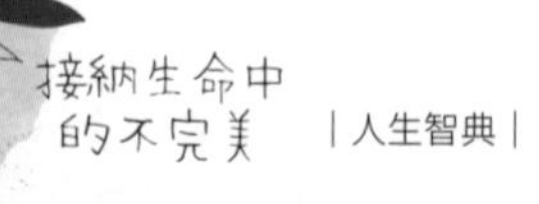

11. Your son/daughter is socute.（你的孩子很可愛。）【外國人絕對喜歡聽的表揚！】
12. What an adorable baby!（多麼可愛的孩子。）【只管大膽用！】
13. I admire your work.＝I respect your work.（我對你的工作表示敬意。）【世界通用！】
14. You've got a great personality.（你的個性很好。）【一個非常安全的表揚！】
15. You have a good sense of humor.（你眞幽默。）【美國人極其喜歡的表揚！】
16. Your Chinese is really surprising.（你的中文令人驚訝。）【絕對和其他人不一樣的表揚！】
17. Your English is incredible.（我眞不敢相信你的英語。）【用了六星級形容詞！】
18. You have a very successful business.（你的事業很成功。）【現代人非常喜歡聽！】
19. You're very professional.（你非常專業。）【專業化的表揚！】
20. Your company is very impressive.（你的公司給我留下深刻印象。）
21. You're so smart.（你非常聰明。）
22. I envy you very much.（我非常羡慕你。）
23. Your wife is very charming.（你的妻子很有魅力！）
24. You two make a lovely couple.（你們眞是天生的一

對！）

25. You're really talented.（你很有天賦。）
26. You look nice in that color.（你穿那種顏色很好看。）
27. You have a good taste.（你很有品位。）
28. You look like a million dollars.＝You look out standing.＝You look like a moviestar.（你看上去帥呆了。）

和諧家庭幸福人生課堂

附錄

NBBC國際商學院課程體系

引言

歡迎您爲您自己的生命打開這扇門，接著即將經驗的將是一連串通往自我本質的生命冒險，當您在某個片刻受到一份特別的召喚，使您下定承諾進入探索生命之旅，事實上在那個決定的剎那您的生命事業旅程已經啟程了，我們欣賞您的決心、勇氣、堅持與一份來自靈魂本質的愛，這些美麗的生命特質即是能否完成這趟旅程的關鍵元素。

在商學院，導師的標準是非常嚴格的

要成爲身心靈的導師，首先是知識的積累，每位導師必須學習大量的東西方哲學、心理學、肢體、能量等方面的知識，並且將這些知識融會貫通。除去掌握大量專業的知識與技能外，更重要的是每一位導師都花了很多年去探索和發展可以令其成爲優秀導師的人格特質。除此之外，身心靈的導師還必須對自身有深刻的認知。

在商學院的理念中，每個人都是獨一無二的寶藏，所以成爲身心靈的導師，並不存在一個放之四海皆准的標準，體驗、覺察，發現自己的個性、才幹、智慧，圓融具足，才能眞正成爲一個導師。

種子講師培訓班

如果你想成爲一個導師，同時把「商學院」的理念用在工作、生活中，我們列出了一些我們認爲比較重要的特質。

眞誠：放下角色的盔甲和盔甲，放下防禦，用眞誠的關愛和他人建立連接，同時呈現脆弱。

慈悲：接受眞正的那個自己（眞我），而不是僅僅在生活中扮演理想中的自己（理想我），同樣，學會接納他人，鼓勵別人自我疼惜。

自我負責：對自己的生命充滿覺察，爲自己的生命做出選擇，也能承擔選擇的後果。認爲他人也能爲自己的選擇負責。

當下：尊重當下的感受，體驗當下的價值，而不僅僅是爲了未來的某個目標奮鬥。

包容：同時關注自己和他人，而不是只關注自己，或者只關注他人的感受。

肢體覺察：對身體感受、心理感受、肢體運動還有直覺等保持高度的覺察，並且根據覺察做出決定和選擇。這部分特質需要和眞我的呼吸、「氣」、情緒行爲模式等方面的知識整合。

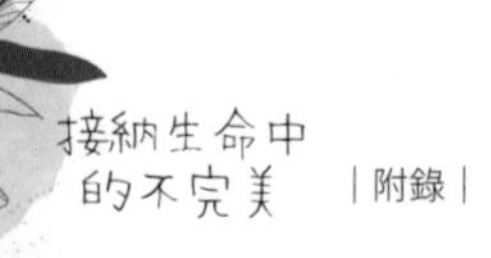

用心連接：用清晰、個性化和直接的交流方式，同時建立清晰有效的界限，儘管這可能會引起連接雙方的不舒服。

好奇心：放下自己的防衛機制，對他人保持敞開，在任何環境下保持一顆敞開的心。

清晰的個人界限：用成熟、合乎道德標準、尊重的態度分享自己的感受、行爲模式，從而引導學員體驗和學習。

眞誠地和他人建立連接，在身心靈被放在一個很高的位置，同時這也是自我修行的一種很好的辦法，而這些，都反映在上述所說的這些特質中了。理論和技巧是很重要的，但是理論和技巧並不是自我成長的全部。試圖去改別他人，或者爲了達成某一個理想的情形，都會一定程度上阻礙心靈成長。成爲一個「商學院」導師，意味著呈現脆弱，呈現眞實的自己，清楚地看見別人，在過程中建立信任。

Elli自我發展學院

第一階　生命蛻變　面對自我成長的挑戰－找到自我定位
第二階　生命轉化　規劃成功的途徑－發揮自我價値
第三階　生命曙光　設定目標解決問題－找回生命的力量
第四階　生命驅動力　擁有生命力的人際關係－喚醒眞我

Rlli團隊動力學院

第一階　團隊驅動－DNA團隊驅動力
第二階　卓越團隊－NLP巔峰成就與卓越團隊

第三階　團隊建設－高績效團隊建設

第四階　激勵部屬－如何有效激勵部屬

Alli領導力學院

第一階　情境領導－領導力八項修煉

第二階　管理心理－領導十堂課

第三階　領導驅動－卓越領導驅動力

第四階　西點領導－西點領導力訓練

Fdi講師發展學院

1.講師（Lecturer）初－公眾演講訓練營
中－企業內訓講師
高－團隊培訓講師

2.訓練師（Trainer）初－教練型訓練師
中－心理訓練培訓師
高－國際培訓師認證培訓

3.課程設計師（Course Designer）中、高兩個等級

4.活動設計師（Program Designer）中、高兩個等級

哈佛大學幸福課堂

第一階　生命能量喚醒

第二階　智慧的父母系統訓練工作坊

第三階　事業與家庭成功工作坊

第四階　哈佛大學幸福課

生命教育成長課堂

第一階　活在當下，讓生命起舞

第二階　從此時此刻創造人生的幸福

第三階　我願生命是海上一葉扁舟

第四階　真誠對待每一個過程

NBBC國際商學院標準課程教材含有

1. 學員手冊
2. 講師指南
3. 體驗式活動手冊
4. PowerPoint檔案（PPT）
5. 講義

企業管理課程

管理心理系列培訓

1. TTT培訓師培訓
2. 管理心理學
3. 情緒管理與壓力調節
4. 中層管理心理學
5. 卓越情商與領導力
6. NLP人際溝通工作坊
7. NLP心智修煉和教練式領導
8. NLP卓越團隊心智訓練營

企業高層管理系列培訓

1. 卓越領導力從心管理
2. 高效能人士的七大準則
3. 經理人管理的八項修煉
4. 情境領導
5. 全息能量四維團隊領導力
6. 全息能量領導力
7. 經營戰略沙盤模擬
8. 心智禪修生命教練
9. 西點領導力訓練

中層管理技能系列

1. 卓越的銷售管理
2. 團隊管理與溝通技巧
3. 金牌店長訓練
4. 公衆演講
5. 激發正能量工作坊
6. 中層管理－心理如何影響行爲
7. 卓越團隊驅動力
8. 中層管理幹部管理技能

家庭心理系列培訓

1. 家庭系統排列工作坊
2. 家族治療關係工作坊
3. 家庭重塑
4. 察覺工作坊
5. 女性魅力與婚姻家庭
6. 親密關係療愈工作坊
7. 卓越女性魅力塑造研修課程
8. 兩性關係工作坊
9. 身心靈療愈之舞工作坊
10. 「愛在我家」家庭系統排列工作坊

親子系列培訓

1. 成功親子教育的12堂方法課
2. 7—14歲少兒情商訓練營課程
3. 發現孩子的天賦
4. 智慧的父母系統訓練工作坊
5. 愛我從懂我開始－陪孩子一起成長
6. 如何贏在親子關係
7. 學校與家長的溝通藝術
8. 青少年潛能理財快樂營
9. 青少年天賦動能訓練
10. 發現孩子的天賦BDGE醫用皮紋學
11. 青少年領導力發展訓練

親子教育課程

青少年未來領袖特訓營

課程介紹

《青少年未來領袖特訓營》是一門融合了中國傳統文化和西方「加速體驗式」學習教學模式，自主調研、研發推出的一套顚覆傳統青少年教育的高智慧訓練課程，創立了全新的實現孩子自我突破、自我主動改變的教育模式！讓參加者於短時間內打破局限、戰勝自我，成長爲內聖外王的小領袖。

學員範圍

7至18周歲、身心健康的青少年，有志竭力突破自我，追求更高成就，決意成爲有領袖特質的青少年，「青少年未來領袖特訓營」將是你最棒的選擇，爲你創造一個不平凡的未來。

課程受益

透過導師的指導和專業的訓練活動，讓同學逐漸清晰地認清自己，更瞭解自己。沒有社會經驗的同學，將會在這個課時裡得到全面訓練和實踐多種領袖力量及課題！

如何正确与孩子沟通
发生什么事情了
你的感觉如何
你想怎么做
那你觉得有什么办法
这样做会得到什么结果
你决定怎么做
你需要我做什么

清華女子學堂班

广东狮子会2013-2014年度
第二副队长
感恩之旅

國家圖書館出版品預行編目資料

接納生命中的不完美／林正光著. --初版.--臺中市：白象文化事業有限公司，2023.1
面； 公分
ISBN 978-626-7189-21-4（平裝）
1.CST: 精神生活 2.CST: 修身
192.1 111013779

接納生命中的不完美

作　　者　林正光
校　　對　林正光
發 行 人　張輝潭
出版發行　白象文化事業有限公司
412台中市大里區科技路1號8樓之2（台中軟體園區）
出版專線：（04）2496-5995　傳眞：（04）2496-9901
401台中市東區和平街228巷44號（經銷部）
購書專線：（04）2220-8589　傳眞：（04）2220-8505
專案主編　黃麗穎
出版編印　林榮威、陳逸儒、黃麗穎、水邊、陳媁婷、李婕
設計創意　張禮南、何佳諠
經紀企劃　張輝潭、徐錦淳、廖書湘
經銷推廣　李莉吟、莊博亞、劉育姍、林政泓
行銷宣傳　黃姿虹、沈若瑜
營運管理　林金郎、曾千熏
印　　刷　基盛印刷工場
初版一刷　2023年1月
定　　價　380元